# PowerPoint 2010

## POUR LES NULS

# PowerPoint 2010

# POUR LES NULS

**Doug Lowe**

FIRST
Interactive

# PowerPoint 2010 pour les Nuls

Titre de l'édition originale : PowerPoint 2010 For Dummies

Publié par Wiley Publishing, Inc.
111 River Street
Hoboken, NJ 07030-5774
USA

Copyright © 2010 Wiley Publishing, Inc.

Pour les Nuls est une marque déposée de Wiley Publishing, Inc.
For Dummies est une marque déposée de Wiley Publishing, Inc.

Edition française publiée en accord avec Wiley Publishing, Inc.
© 2011 Éditions First
60 rue Mazarine
75006 Paris - France
Tél. 01 45 49 60 00
Fax 01 45 49 60 01
E-mail : firstinfo@efirst.com
Web : www.editionsfirst.fr
ISBN : 978-2-7540-2432-7
Dépôt légal : 1ᵉʳ trimestre 2011

Collection dirigée par Jean-Pierre Cano
Edition : Pierre Chauvot
Traduction : Bernard Jolivalt

Imprimé en France

# Sommaire

# Introduction

. . . . . . . . . . . . . . . . . . . . . . . . . . . . . . . . . . . . . . . . .

*B*ienvenue dans *PowerPoint 2010 pour les Nuls*, le livre écrit pour tous ceux qui ont la chance d'utiliser cette toute dernière et fabuleuse version de PowerPoint, et qui sont désireux de réaliser la présentation qu'ils devaient terminer pour avant-hier.

Vous êtes-vous déjà retrouvé devant une assemblée assoupie à qui vous tentez de faire comprendre l'importance des représentations graphiques, des tableaux et autres éléments soporifiques que vous projetez sur un écran via des transparents ? Si oui, et sans doute si non, vous avez *réellement* besoin de PowerPoint !

Ce livre traite de PowerPoint dans un langage de tous les jours. Pas de prose inutile. Je n'ai pas l'intention de gagner un prix littéraire. Mon objectif est de rendre accessibles des notions qui pourraient sembler ardues, et peut-être même vous donner du plaisir à utiliser PowerPoint.

## À propos de ce livre

Pas question de trouver ici d'obscurs termes techniques détaillant des procédures incompréhensibles. Mon propos se concentre sur des informations pratiques, nécessaires à une bonne conception de présentations. Dans les 20 chapitres de cet ouvrage, vous découvrirez des aspects spécifiques de PowerPoint comme l'impression, la modification des couleurs ou encore l'utilisation des cliparts.

Chaque chapitre est divisé en sections qui traitent chacune d'un thème majeur.

Par exemple, le chapitre consacré aux graphiques présente les éléments suivants :

- ✔ Comprendre le principe des graphiques.
- ✔ Insérer un graphique dans une présentation.
- ✔ Coller un graphique provenant d'Excel.
- ✔ Modifier le type du graphique.
- ✔ Intervenir sur les données du graphique.

N'apprenez rien par cœur ! Contentez-vous de lire les chapitres qui répondent aux questions immédiates que vous vous posez et appliquez-les.

## Comment utiliser ce livre

Ce livre est un ouvrage de référence. Commencez par lire le sujet qui vous intéresse afin d'en savoir davantage : jetez un œil sur le sommaire ou l'index. Le sommaire satisfait généralement votre curiosité, car vous y retrouvez les titres des chapitres et des sections qui le composent. En cas de recherches infructueuses, reportez-vous à l'index.

Lorsque vous trouvez dans l'index ou le sommaire le sujet qui vous passionne (ou vous interpelle, comme on dit bêtement), rendez-vous à la page indiquée et commencez votre lecture. Puis refermez le livre et passez aux actes.

Ce livre est une mine d'informations. Lisez le chapitre qui traite de vos préoccupations. Si vous souhaitez tout savoir sur les animations, lisez le chapitre qui s'y rapporte. C'est *votre* livre, pas le mien.

Ce livre vous invite, vous incite même, à utiliser des raccourcis clavier pour exécuter plus rapidement certaines tâches. Ainsi, lorsque vous lisez Ctrl+Z, maintenez la touche Ctrl de votre clavier enfoncée et appuyez sur la touche Z. Relâchez les deux touches simultanément (ne tapez évidemment pas le signe "+").

Il vous sera parfois demandé d'utiliser une commande d'un menu de la manière suivante : Fichier/Ouvrir. Cela indique que vous pouvez vous servir du clavier ou de la souris pour ouvrir le menu Fichier et y choisir la commande Ouvrir.

Un message ou des informations qui apparaissent à l'écran sont présentés sous la forme suivante :

```
Avez-vous pris du plaisir à travailler aujourd'hui ?
```

Tout ce que vous devez saisir au clavier est indiqué en gras : saisir **a:setup** dans la boîte de dialogue Parcourir invite à saisir exactement ce qui est écrit, avec ou sans espace.

# Ce qu'il n'est pas nécessaire de lire

Ceux qui désirent plus de détails sur un sujet spécifique liront les explications techniques que j'ai fait précéder d'une icône particulière. Ces explications sont facultatives ; si vous avez envie de garder un esprit serein, ne les lisez pas.

# Présupposés

Je présume que vous possédez un ordinateur tournant sous Windows, et utilisez ou pensez utiliser PowerPoint 2010. Rien d'autre ! Je ne présume surtout pas que vous êtes un expert en informatique capable de changer une carte contrôleur ou d'optimiser la mémoire de son ordinateur. Ce genre de choses ravit les amoureux de la technique. Nous parlerons heureusement un langage que tout le monde comprend.

# Organisation de ce livre

Ce livre contient des chapitres répartis dans six parties. Chaque chapitre est scindé en sections qui couvrent tous les aspects indispensables de PowerPoint. Les chapitres répondent donc à une séquence logique qui donne un sens et une progression à votre lecture et, par conséquent, à vos connaissances progressivement acquises. Malgré cela, il n'est pas nécessaire de lire l'ouvrage de la première à la dernière page. Parcourez-le et arrêtez-vous sur le sujet qui vous intéresse.

Voici un aperçu des six parties qui vous attendent :

## Première partie : Les bases de PowerPoint 2010

Ici, vous réviserez ou découvrirez les fonctions élémentaires de PowerPoint. C'est l'endroit idéal pour débuter si vous ne savez pas ce qu'est PowerPoint, et encore moins comment l'utiliser.

## Deuxième partie : De superbes diapositives

Les chapitres de cette partie montrent comment réaliser des présentations bien présentées. Lisez surtout les chapitres consacrés aux thèmes (Chapitre 9), aux masques et aux modèles (Chapitre 11). Maîtrisez ces notions et chaque élément trouvera naturellement sa place dans vos présentations.

## Troisième partie : Améliorer les diapositives

L'une des fonctionnalités les plus astucieuses de PowerPoint 2010 est l'onglet Insertion, sur le Ruban. Il est truffé d'éléments susceptibles d'être placés dans vos présentations. Vous y trouverez notamment des images, cliparts, graphiques, objets SmartArt, sons, films, tableaux qui agrémenteront vos diapositives.

## Quatrième partie : Les dix commandements

Traditionnelle partie de la collection *pour les Nuls*, vous y découvrirez dix conseils pour créer des diapositives lisibles, dix trucs pour maintenir l'attention de l'auditoire et dix nouvelles fonctionnalités de PowerPoint 2010.

# Les icônes de ce livre

Vous rencontrerez de temps en temps des icônes en lisant ce livre. Elles apparaissent dans la marge pour attirer votre attention sur un point particulier :

Voici une astuce qui vous fera gagner du temps grâce à un raccourci ou à une commande à laquelle vous n'auriez pas pensé.

Attention ! Attention ! Lisez attentivement la mise en garde qui suit.

Cette icône signale un point spécifique qu'il est judicieux de retenir.

# Et maintenant ?

Eh bien, on continue ! Préparez-vous à un beau périple dans les contrées étranges des présentations informatisées. Lancez-vous ! Soyez imaginatif ! Et, surtout, amusez-vous bien !

# Première partie

# Les bases
# de PowerPoint 2010

"Ils ne me laisseront pas passer tant que je n'aurai pas retiré toutes les flèches de mes présentations PowerPoint."

## Dans cette partie...

I l fut un temps où le terme *présentation* évoquait le chevalet à grandes feuilles de papier et les crayons-feutres épais. Microsoft PowerPoint, qui permet de créer de spectaculaires présentations avec son ordinateur, a relégué toute cette papeterie aux oubliettes.

Les chapitres de cette partie sont une introduction à PowerPoint 2010. Vous y apprenez ce qu'est réellement ce logiciel et comment l'utiliser pour créer des présentations simples. Les fonctions avancées du logiciel sont traitées dans les dernières parties de l'ouvrage. Si vous débutez dans PowerPoint, lisez impérativement les pages qui suivent.

# Chapitre 1

# Bienvenue
# dans
# PowerPoint 2010 !

C e chapitre est en quelque sorte la cérémonie d'ouverture de PowerPoint 2010, la version revue et largement améliorée du fort connu logiciel de présentation de Microsoft.

## Qu'est-ce que PowerPoint ?

PowerPoint est un programme livré avec la suite bureautique Microsoft Office. La majorité des utilisateurs achètent Office, car ils réalisent une bonne affaire : ils disposent du célèbre logiciel de traitement de texte Word et du fameux tableur

Excel, qui coûteraient bien plus cher achetés séparément, et en prime, Microsoft offre (enfin, c'est une façon de parler...) PowerPoint et, selon les versions d'Office, Access, Outlook, et/ ou Publisher.

PowerPoint est un programme de *présentations*. Si vous avez déjà utilisé des transparents projetés sur un écran, vous ado-rerez PowerPoint. En quelques clics de souris, vous réaliserez des présentations spectaculaires.

Voici quelques utilisations de PowerPoint :

✔ **Présentations d'affaires :** PowerPoint fait gagner du temps à tous ceux qui doivent présenter un bilan, un projet, un produit ou des services, que ce soit devant un auditoire de plusieurs centaines de personnes lors d'une assemblée d'actionnaires, des représentants de com-merce dans une salle de conférence ou quelques collabo-rateurs lors d'une rencontre de travail.

✔ **Sensibilisation :** Si vous vendez des assurances, vous pouvez créer une présentation montrant les risques encourus à ne pas être assuré, et l'installer sur votre ordi-nateur portable afin d'épouvanter les clients potentiels.

✔ **Conférences :** PowerPoint est très apprécié des univer-sitaires et des conférenciers désireux de communiquer efficacement.

✔ **Borne interactive :** PowerPoint peut servir à créer une borne d'information. Elle montrera par exemple certaines pièces exposées dans un musée, l'histoire de la ville ou, dans un salon professionnel, des informations concernant la société.

✔ **Présentations par Internet :** Une présentation peut être diffusée sur le Web, permettant à votre auditoire de la visionner depuis n'importe où dans le monde.

## Introduction aux présentations

PowerPoint est comparable à un traitement de texte comme Word, sauf qu'au lieu de produire des *documents*, il produit des *présentations*. Ces dernières sont comme le panier de diapositives des projecteurs photo, où vous placiez dans l'ordre désiré les diapositives 24 x 36 de vos dernières vacances. La grande différence est que vous n'avez pas à craindre d'en avoir placé une à l'envers ou de les laisser tomber du panier.

Un document Word est constitué d'une ou plusieurs pages, tandis qu'une présentation PowerPoint est constituée d'une ou plusieurs diapositives. Chacune peut contenir du texte, des graphismes et d'autres données. Il est très facile de les placer dans l'ordre que vous voulez, de supprimer celles dont vous ne voulez plus, d'en ajouter de nouvelles ou de les modifier.

PowerPoint sert à la fois à créer des présentations, mais aussi à les projeter.

Une présentation peut être diffusée de différentes manières :

✔ **Écran d'ordinateur :** À tube cathodique ou à cristaux liquides, tout écran convient pour une présentation vue par une ou deux personnes à la fois.

✔ **Écran de télévision :** PowerPoint s'adapte aux écrans panoramiques 16:9. Le téléviseur est idéal pour une audience moyenne, c'est-à-dire 10 à 12 personnes réunies dans une petite salle de conférence, ou pour une soirée diapos en famille.

✔ **Vidéoprojecteur informatique :** Cet équipement projette sur un grand écran l'image produite par l'ordinateur, permettant ainsi de la montrer à un vaste auditoire.

✔ **Rétroprojecteur :** PowerPoint peut produire des transparents pour rétroprojection.

✔ **Pages imprimées :** Des sorties imprimante permettent de distribuer des exemplaires de la présentation à chacun des membres du public. Il est possible d'imprimer une diapositive par page, mais aussi, pour économiser le papier, plusieurs diapositives par page.

✔ **Diapositives 24 x 36 :** Un laboratoire photo ou un service de tirage photo sur l'Internet peuvent convertir votre présentation en véritables diapositives sous caches 5 x 5 cm. On en revient ainsi au traditionnel panier de diapositives.

Vos présentations seront beaucoup plus intéressantes si vous les montrez au travers de l'une des trois premiers moyens – écran d'ordinateur, télévision ou vidéoprojecteur – car elles pourront contenir des animations, des vidéos, du son et autres fonctionnalités tape-à-l'œil (et tape-à-l'oreille). Les trois autres moyens, transparents, pages imprimées et diapositives sur film, ne peuvent montrer que du contenu statique.

## Les fichiers des présentations

Une présentation est à PowerPoint ce qu'un document est à Word ou une feuille de calcul à Excel. En d'autres termes, une *présentation* est un fichier créé avec PowerPoint. Chacune est enregistrée sur le disque sous la forme d'un fichier informatique séparé.

Les présentations PowerPoint 2010 portent l'extension de fichier `.pptx` à la fin de leur nom. Par exemple, `Conférence.pptx`, `Histoire du jour.pptx` sont des noms de fichiers PowerPoint valides. Il est inutile de saisir l'extension `.pptx` lorsque vous saisissez le nom de fichier d'une présentation PowerPoint, car PowerPoint l'ajoute à votre place. Il arrive souvent que Power-Point masque les extensions de fichiers, affichant ainsi `Conférence.pptx` sous la forme `Conférence`.

Dans les versions de PowerPoint antérieures à 2007, les présentations étaient enregistrées avec l'extension `.ppt` au lieu de `.pptx`. Le *x* ajouté à la nouvelle extension indique qu'il s'agit d'un format de fichier basé sur XML, un format de données bien connu qui facilite les échanges entre fichiers d'un logiciel à un autre. PowerPoint 2010 est capable d'enregistrer les présentations dans l'ancien format `ppt`, mais cette option n'est recommandée que si vous partagez des présentations avec des gens qui ne possèdent pas encore PowerPoint 2010. Vous pouvez télécharger un programme appelé Microsoft Office Compatibility Pack depuis le site `www.microsoft.com`, permettant à PowerPoint 2002 et 2003 de lire mais aussi d'enregistrer des fichiers au format `pptx`.

PowerPoint est paramétré par défaut pour enregistrer les présentations dans le dossier Mes Documents (Window XP) ou Documents (Windows Vista et Windows 7). Mais vous pouvez les stocker dans n'importe quel dossier de votre disque dur ou sur tout autre support, comme un disque dur externe, un CD-ROM ou une clé USB...

# Qu'est-ce qu'une diapositive ?

Une *présentation* PowerPoint est composée de plusieurs diapositives. Chacune peut contenir du texte, des graphiques et de nombreux autres éléments. Les fonctions de PowerPoint permettent de créer facilement des diapositives attrayantes :

- ✒ **Mise en page des diapositives :** Chaque diapositive dispose d'une mise en page qui contrôle l'organisation de l'information. Une *mise en page de diapositive* est une collection de un ou de plusieurs espaces réservés (marques de réserve) qui reposent dans la zone d'affichage de la diapositive pour conserver l'information. En fonction du type de mise en page choisi, les espaces réservés peuvent contenir du texte, des graphiques, des cliparts, du son, des fichiers vidéo, des tableaux, des représentations graphiques, des diagrammes et d'autres sortes de contenus.

- ✒ **Arrière-plan :** Chaque diapositive dispose d'un arrière-plan sur lequel repose le contenu. L'arrière-plan peut être une couleur unie, un mélange de deux couleurs, une texture comme du marbre ou du parchemin, un motif telles des lignes diagonales, des briques ou des mosaïques, ou encore une image. Chaque diapositive peut avoir son propre arrière-plan. Cependant, pour une raison de cohérence, il est préférable d'utiliser le même arrière-plan pour toutes les diapositives d'une même présentation.

- ✒ **Thème :** Les *thèmes* sont des arrangements d'éléments graphiques comme les jeux de couleurs et les polices. Ils permettent d'élaborer des diapositives attrayantes. Vous pouvez vous écarter des thèmes proposés par Microsoft à condition d'avoir un goût sûr et du sens artistique.

- ✒ **Masque des diapositives :** Le Masque des diapositives contrôle la conception de base et les options de mise en forme des diapos dans votre présentation. Le Masque des diapositives impose la position et la taille du titre, ainsi que les espaces réservés de texte, l'arrière-plan et le jeu de couleurs utilisés pour la présentation, les types de polices, les couleurs et les tailles. Il peut aussi contenir des graphiques ainsi que des objets textuels devant apparaître sur chaque diapositive.

Vous pouvez modifier le Masque des diapositives, afin de changer d'un seul coup l'apparence de toutes les diapositives d'une présentation et d'en assurer ainsi la cohérence visuelle.

Toutes les fonctions décrites dans les précédents paragraphes permettent de contrôler l'aspect de vos diapositives de la même manière que le font une feuille de style et les modèles pour un document Word. Vous pouvez personnaliser l'aspect de chaque diapositive en ajoutant les éléments suivants :

- ✔ **Titre et texte courant :** La plupart des mises en page comportent des espaces réservés pour les titres et le texte courant. Par défaut, PowerPoint formate le texte en fonction du Masque des diapositives. Il est très facile de remplacer ce format en modifiant la police, la taille, le style ou la couleur du texte.

- ✔ **Zones de texte :** Du texte peut être ajouté dans n'importe quelle partie d'une diapositive, en dessinant une zone de texte dans laquelle vous saisirez du texte. Les zones de texte permettent de placer du texte qui n'entre pas dans l'espace de réserve des titres ou du texte courant.

- ✔ **Formes :** Les outils de dessin de PowerPoint permettent d'obtenir des formes automatiques comme des rectangles, des cercles, des étoiles, des flèches et des organigrammes. Il est possible de créer manuellement des formes en utilisant la ligne, le polygone et les outils de dessin à main levée.

- ✔ **Images :** Illustrez vos diapositives en insérant des cliparts, des photographies ou d'autres éléments graphiques. PowerPoint contient beaucoup de cliparts, et il en existe quantité d'autres sur le site Web de Microsoft.

- ✔ **Graphiques et diagrammes :** PowerPoint est doté d'une nouvelle fonction de dessin de diagramme nommée SmartArt. Elle permet de créer plusieurs sortes de diagrammes courants (hiérarchiques, cycliques, etc.). Des graphiques à secteurs, à courbes ou à barres sont aussi utilisables.

✔ **Fichiers médias :** Vous pouvez ajouter du son ou de la vidéo à vos diapositives.

# Démarrer avec PowerPoint

Voici comment démarrer PowerPoint :

1. **Préparez-vous.**

   Allumez quelques bougies, faites des incantations pour chasser les mauvais démons qui hantent l'unité centrale, versez-vous une tasse de café serré, collez sur l'ordinateur la carte de visite de "Mamadou Cissé, grand marabout de la brousse connu du monde entier" (distribuée tous les jours de 17 à 19 heures au métro Barbès), puis, puis...

2. **Cliquez sur le bouton Démarrer.**

   Il se trouve dans le coin inférieur droit de votre écran.

   Si vous ne trouvez pas le bouton Démarrer, approchez le pointeur de la souris du bord inférieur de l'écran. Avec un peu de chance, le bouton Démarrer apparaîtra. Autrement, parcourez les bords de l'écran, car la barre des tâches où se trouve le bouton Démarrer peut avoir été placée ailleurs qu'en bas.

3. **Pointez sur Tous les Programmes.**

   Le menu Démarrer ouvert, immobilisez le pointeur de la souris sur Tous les programmes. Un autre menu s'ouvre, dévoilant une foule de noms d'éditeurs et de logiciels.

4. **Cliquez sur Microsoft Office puis sur Microsoft PowerPoint 2010.**

   Votre ordinateur mouline (greuleu greuleu greuleu, broute broute...) et PowerPoint apparaît.

   Si vous utilisez fréquemment PowerPoint, il peut apparaître dans la liste des programmes fréquemment utilisés, dans le menu Démarrer. Vous serez ainsi dispensé d'errer dans les menus de Tous les programmes. Pour que PowerPoint apparaisse en permanence en haut à gauche du panneau, choisissez Tous les programmes/Microsoft Office, cliquez du bouton droit sur Microsoft Power-Point 2010, et sélectionnez l'option Ajouter au menu Démarrer.

Si vous avez horreur de parcourir des menus – sauf à La Tour d'Argent, votre cantine préférée – un autre moyen de démarrer PowerPoint consiste à appuyer sur la touche Windows, qui se trouve généralement entre les touches Ctrl et Alt, tapez le doux mot **powerpoint** (les majuscules ne sont pas indispensables) et appuyez sur la touche Entrée. Notez que cette astuce ne fonctionne qu'avec Windows 7 et Vista.

## Se déplacer dans l'interface de PowerPoint

Juste après le démarrage, PowerPoint affiche une telle débauche de commandes et de boutons que vous seriez tenté de regretter le chevalet et les crayons-feutres. Le centre de l'écran est – c'est encore heureux… – entièrement vide. Mais la partie supérieure est bourrée d'icônes, de boutons et de commandes. À quoi peut bien servir tout ce fourbi ?

La Figure 1.1 montre l'écran d'ouverture de PowerPoint dans toute sa splendeur. Les paragraphes suivants mettent l'accent sur ses parties les plus importantes.

✔ **Ruban :** En haut de PowerPoint, juste sous la barre de titre, se trouve l'interface principale, appelée *Ruban*. Si vous connaissez les versions précédentes de PowerPoint, vous vous attendez sans doute à voir, à cet emplacement, une barre de menus surmontant une ou deux barres d'outils. Après mûre réflexion, les têtes pensantes de Microsoft ont estimé que menus et barres d'outils n'étaient guère conviviaux. C'est pourquoi ils ont décidé de les remplacer par le Ruban, qui combine leurs fonctions. Le Ruban exige une phase d'adaptation, mais une fois que

Onglet Fichier

Onglets Diapositives et Plan

Barre d'outils Accès Rapide

Ruban

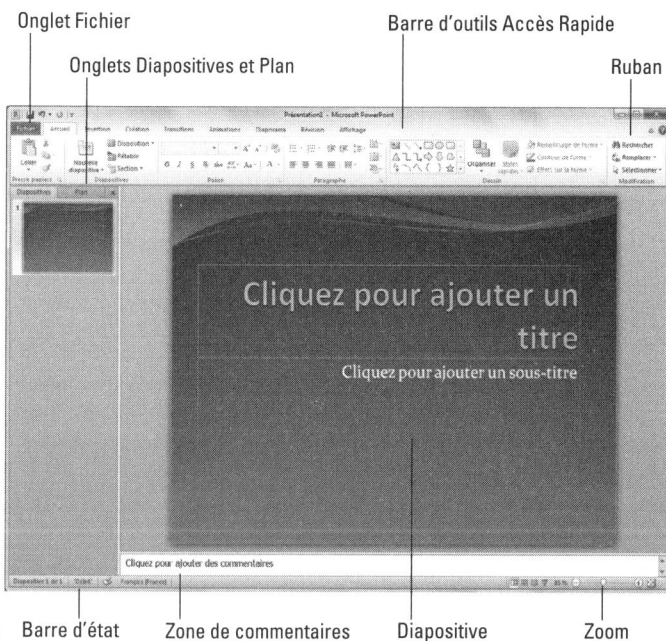

Figure 1.1 :
L'écran bien
rempli de
PowerPoint.

Barre d'état    Zone de commentaires    Diapositive    Zoom

vous en avez saisi le principe, il s'avère plus agréable et
facile à utiliser que les menus et barres d'outils d'antan.

Notez que l'apparence du Ruban varie selon la taille de
l'écran. Sur les petits écrans, PowerPoint peut compresser le Ruban, notamment par l'usage de boutons plus
petits et une disposition différente. Par exemple, il super-
posera des boutons au lieu de les juxtaposer.

Pour en savoir plus sur l'utilisation du Ruban, reportez-
vous à la section "Dérouler le Ruban", plus loin dans ce
chapitre.

Bien que PowerPoint 2010 n'ait plus de menus, les
raccourcis clavier (appelés aussi *touches d'accès rapide*)
de l'ancienne version 2003 fonctionnent encore. À la
différence près, toutefois, qu'au lieu d'appuyer sur Alt et
la touche du raccourci, vous les enfoncez séparément.
Par exemple, pour afficher la boîte de dialogue Ouvrir,
appuyez sur Alt, puis sur F, puis sur O (l'ancienne commande Fichier/Ouvrir). Et pour insérer un clipart, ap-

puyez sur Alt, I, I, C (pour l'ancienne commande Insérer/ Image/Clipart).

✔ **L'onglet Fichier :** Le premier onglet du Ruban est l'onglet Fichier. Cliquer dessus donne accès à un panneau particulier, nouveau dans Office 2010, appelé *Backstage,* "les coulisses". Il contient des diverses fonctions, notamment celles servant à ouvrir ou enregistrer des fichiers, créer une nouvelle présentation, imprimer, etc. Reportez-vous à la section "Dans les coulisses du Backstage", plus loin dans ce chapitre, pour en savoir plus

✔ **Barre d'outils Accès rapide :** Juste à droite de l'onglet Fichier se trouve la barre d'outils Accès rapide. Elle sert essentiellement à héberger les commandes les plus fréquemment utilisées.

Initialement, la barre d'outils Accès rapide ne contient que trois boutons : Enregistrer, Annuler et Répéter. Il est cependant possible d'en ajouter d'autres en cliquant du bouton droit sur un bouton de la barre et en choisissant Autres commandes. Une boîte de dialogue permet d'ajouter, mais aussi d'ôter des commandes.

✔ **La diapositive :** Au centre de l'écran, se trouve la diapositive en cours.

✔ **Onglets Diapositives et Plan :** À gauche de l'écran, vous pouvez basculer entre deux affichages : *Diapositives* et *Plan.* Le mode Diapositives, actif sur la Figure 1.1, montre des images miniatures de chacune des diapositives de la présentation. Il suffit de cliquer sur l'une d'elles pour afficher la diapositive au centre de l'écran. Le mode Plan montre l'organisation de votre présentation. Pour basculer d'un mode à l'autre, cliquez sur l'onglet correspondant. Pour plus d'informations sur le plan, lisez le Chapitre 3.

✔ **Zone de commentaires :** Sous la diapositive se trouve un petit volet appelée *zone de commentaires.* Pour plus d'informations sur sa fonction, consultez le Chapitre 5.

✔ **Volet des tâches :** À droite de la diapositive, se trouve le *volet des tâches.* Il sert à réaliser rapidement les tâches les plus communes. Lorsque vous démarrez Power-

Point pour la première fois, le volet des tâches n'est pas visible ; c'est pourquoi vous ne le voyez pas sur la Figure 1.1. Lorsque vous travaillez dans PowerPoint, d'autres options apparaissent dans ce volet selon ce que vous voulez faire.

✔ **Barre d'état :** Tout en bas de l'écran, se trouve la *barre d'état*. Elle indique la diapositive en cours d'édition.

La barre d'état peut être configurée en cliquant dessus du bouton droit. Vous accédez ainsi à une liste d'options que vous pouvez sélectionner ou désélectionner.

✔ **Zoom :** PowerPoint adapte automatiquement le zoom afin que la diapositive soit toujours affichée dans sa totalité. Le rapport du zoom est réglable à l'aide de la glissière en bas à droite de la fenêtre.

Vous n'avancerez jamais si vous estimez que tout doit être immédiatement compris. Ne vous souciez pas de ce qui vous aurait échappé jusqu'à présent. Concentrez-vous sur ce qui est nécessaire pour accomplir telle ou telle tâche, le reste viendra par la suite.

Dérouler le RubanLe tout nouveau Ruban n'apparaît pas que dans PowerPoint. Il est aussi utilisé dans Word 2010, Excel 2010 et Access 2010. Il remplace les barres de menus et d'outils des versions précédentes de ces programmes.

Le Ruban est surmonté d'une série d'onglets. Cliquer sur l'un d'eux révèle un ensemble de commandes spécifiques. Par exemple, à la Figure 1.1, c'est l'onglet Accueil qui était sélectionné. La Figure 1.2 montre le contenu de l'onglet Insertion.

Figure 1.2 :
Le Ruban
et les
commandes
de l'onglet
Insertion.

Initialement, le Ruban affiche les onglets du Tableau 1.1 :

**Tableau 1.1 : Les onglets de base du Ruban.**

| Onglet | Utilisations |
|---|---|
| Accueil | Création et mise en forme des diapositives. |
| Insertion | Placement de différents éléments et objets dans les diapositives. |
| Création | Amélioration de la présentation des diapositives. |
| Transitions | Réglage de l'effet des transitions insérées entre des diapositives. |
| Animations | Ajout et réglage d'effets animés. |
| Diaporama | Configuration de la présentation. |
| Révision | Vérification de la présentation et ajout de commentaires. |
| Affichage | Affichage des diapositives dans PowerPoint |

En plus de ces onglets de base, d'autres apparaissent de temps en temps. Par exemple, quand vous sélectionnez une image, un onglet Outils Image s'ajoute aux autres ; il contient des commandes permettant de manipuler et régler l'image.

Dans le Ruban, les commandes sont réunies dans des groupes. Dans chacun de ces groupes, la plupart des commandes sont de simples boutons semblables à ceux des barres d'outils des précédentes versions de PowerPoint.

## Elle est pas belle la vue ?

À droite dans la barre d'état, quatre boutons permettent de passer d'un mode d'affichage à un autre. Le Tableau 1.2 indique la fonction de chacun d'eux.

## Dans les coulisses du Backstage

Vous affichez le panneau Backstage, que montre la Figure 1.3, en cliquant sur l'onglet Fichier.

Initialement, le panneau Backstage affiche les informations à propos de la présentation. Le menu à gauche, qui ressemble bigrement à feu le menu Fichier des antédiluviennes versions de

**Tableau 1.2 : Les boutons d'affichage.**

| Bouton | Fonction |
|--------|----------|
| ⊞ | Mode Normal. Il affiche la diapositive, la mise en page et les commentaires. C'est l'apparence par défaut de PowerPoint. |
| ⊞ | Mode Trieuse de diapositives. Il permet de réorganiser intuitivement les diapositives et de leur ajouter des transitions ou d'autres effets spéciaux. |
| 📖 | Mode Lecture. Il sert à visionner le diaporama dans une fenêtre. |
| 🖳 | Mode Diaporama. Il montre les diapositives en plein écran, comme elles le seront au cours de la présentation publique. |

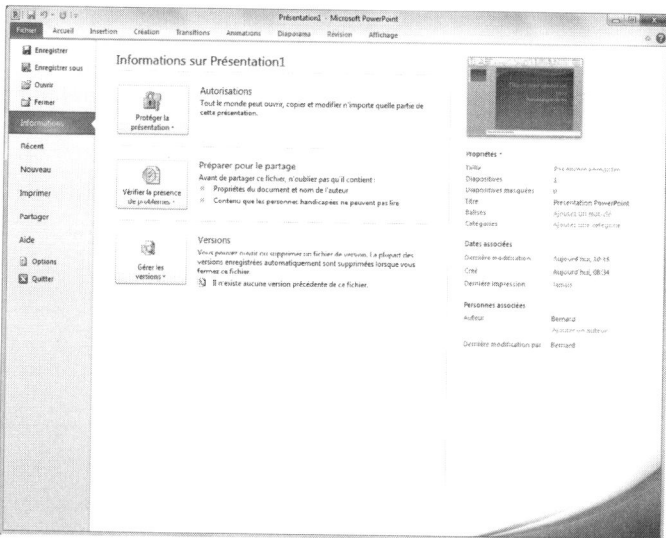

Figure 1.3 :
L'affichage
Backstage de
PowerPoint.

PowerPoint, donne accès à d'autres fonctionnalités que vous ne trouverez nulle part ailleurs.

Vous apprendrez à utiliser les plus importantes de ces commandes plus loin dans ce chapitre, et quelques commandes plus avancées sont présentées dans d'autres chapitres à venir.

# Créer une nouvelle présentation

Lorsque vous démarrez PowerPoint, une nouvelle présentation vide est créée. Une diapositive vide est aussi angoissante pour un commercial que la page blanche pour l'écrivain.

Pour échapper à cette angoisse existentielle, cliquez sur l'onglet Fichier afin d'accéder au Backstage, puis cliquez sur le bouton Nouveau, dans le volet de gauche. Vous accédez ainsi au panneau de la Figure 1.4. Il propose plusieurs manières de créer une nouvelle présentation :

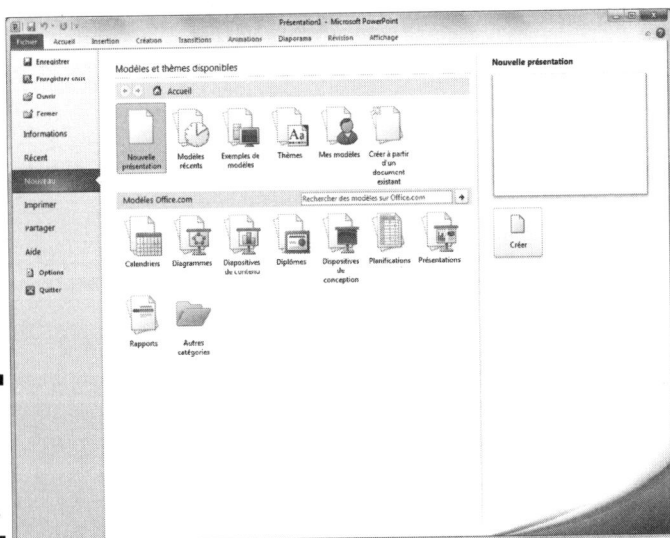

Figure 1.4 :
La boîte de dialogue Nouvelle présentation.

- ✔ **Nouvelle présentation :** Double-cliquez sur Nouvelle présentation pour en démarrer une à partir de zéro.

- ✔ **Modèles récents :** Cette partie de la boîte de dialogue Nouvelle présentation répertorie les modèles que vous avez récemment utilisés pour créer des présentations. Double-cliquez sur n'importe lequel d'entre eux pour créer une autre présentation du même genre.

- ✔ **Exemples de modèles :** Cliquez sur cette option pour accéder à tous les modèles installés dans l'ordinateur. Quand vous créez une présentation à partir d'un modèle, elle hérite des divers éléments globalement appelés *thèmes*, de même que du texte prédéfini figurant dans le modèle.

✓ **Thèmes :** Affiche tous les thèmes présents dans l'ordinateur. La création d'une présentation à partir d'un thème est semblable à la création à partir d'un modèle, sauf que la nouvelle présentation ne contient aucun texte prédéfini.

✓ **Mes modèles :** Ouvre une boîte de dialogue distincte permettant d'utiliser des modèles que vous aurez préalablement enregistrés.

✓ **Créer à partir d'un document existant :** Double-cliquez sur cette option pour créer une nouvelle présentation basée sur une présentation existante (par exemple, pour créer une présentation dans le même esprit qu'une autre).

✓ **Modèles Office.com :** Cette rubrique contenant quantité d'icônes sert à choisir des modèles sur le site de Microsoft. Ils sont classés par catégories comme Calendriers, Diagrammes, Planifications, Rapports, Autres catégories...

Remarquez l'aperçu dans le volet de droite. Il est tout blanc dans la Figure 1.3, mais si vous sélectionnez un modèle de présentation, cet aperçu montre à quoi il ressemble.

## Modifier le texte

Dans PowerPoint, les diapositives sont des zones vides dans lesquelles vous disposez différents types d'objets. Le plus courant est l'*espace réservé*. Il s'agit d'une zone rectangulaire spécialement conçue pour contenir du texte (les autres objets susceptibles d'être placés dans une diapositive sont les formes comme les cercles ou les triangles, les images, les graphiques, etc.)

La plupart des diapositives contiennent deux objets textuels : un pour le titre et l'autre pour le corps du texte (ou texte courant). Vous pouvez cependant ajouter des objets texte supplémentaires et supprimer du texte courant ou un titre, voire supprimer les deux pour créer une diapositive sans texte.

TRUC

Dès que vous placez le pointeur de la souris sur une zone de texte, il prend la forme d'un point d'insertion. Il suffit alors de cliquer pour saisir du texte.

Quand vous cliquez sur un objet textuel, une marque de sélection l'entoure, et le point d'insertion apparaît à droite de l'endroit où vous avez cliqué. PowerPoint devient alors une sorte de traitement de texte. Tout caractère saisi est inséré dans le texte au niveau du point d'insertion. Vous pouvez utiliser la touche Suppr ou Retour arrière pour supprimer du texte, et vous déplacer dans cette zone de saisie avec les touches du pavé directionnel (les flèches). Si vous appuyez sur Entrée, une nouvelle ligne de texte apparaît dans l'objet textuel.

Quand une zone de texte n'en contient pas, du texte bidon s'y affiche en permanence : cliquez pour ajouter du véritable texte. Le texte bidon disparaît comme par enchantement.

TRUC

Si vous commencez à saisir du texte sans avoir cliqué quelque part, il apparaît dans le titre de l'objet textuel s'il n'en contient pas déjà un. Si le titre n'est pas vide, tout texte saisi est purement et simplement ignoré.

Quand vous aurez fini de saisir du texte, appuyez sur la touche Echap ou cliquez sur la souris, hors de la zone de texte.

Au Chapitre 2, vous découvrirez tous les plaisirs – en tout bien tout honneur – des objets textuels. Mais auparavant, d'autres sujets importants vous attendent.

## *Ajouter une nouvelle diapositive*

Quand vous commencez une nouvelle présentation, elle ne comporte qu'une seule diapositive. C'est mieux que rien et à peine davantage que trois fois rien, mais fort heureusement PowerPoint propose diverses manières d'ajouter des diapositives. Nous nous en tiendrons à trois d'entre elles :

✔ Sous l'onglet Accueil, dans le groupe Diapositives, cliquer sur le bouton Nouvelle diapositive.

✔ Appuyer sur Ctrl+M.

✔ Cliquer du bouton droit sur les onglets Diapositives ou Plan, dans le volet de gauche, et choisir Nouvelle diapositive.

Dans les trois cas, PowerPoint affiche une nouvelle diapositive avec une mise en page standard comportant un titre et une zone de contenu. Pour choisir une autre mise en page, cliquez sur le bouton Disposition, sous l'onglet Accueil, et choisissez-en une dans la palette, comme dans la Figure 1.5.

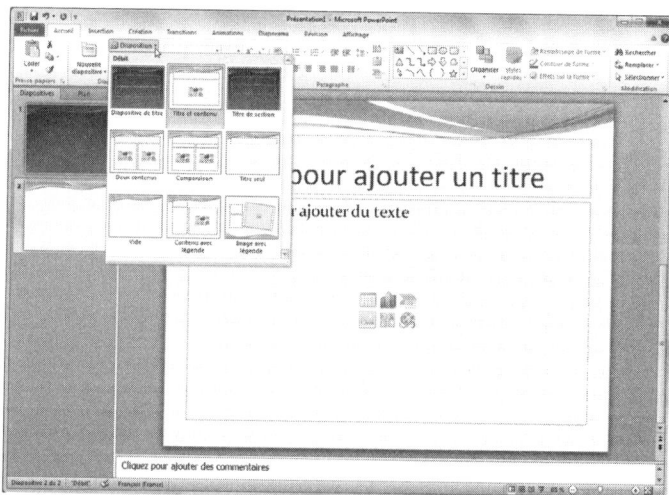

Figure 1.5 :
Le choix
d'une mise
en page pour
une diaposi-
tive.

Chaque mise en page de diapositive a un nom. Par exemple, celle nommée *Titre et contenu* propose un objet texte qui s'ajoute à la zone de titre. C'est sans doute celle que vous utiliserez le plus souvent, car cette mise en page est parfaite pour présenter un sujet développé en plusieurs points. La Figure 1.6, elle, montre une classique diapositive à puces, dans laquelle chaque point révèle la dépravation morale de votre gamin qui, la trentaine à peine entamée, file encore un mauvais coton.

## *Se déplacer de diapositive en diapositive*

Plusieurs techniques permettent d'avancer ou de reculer dans la masse des diapositives constituant votre présentation :

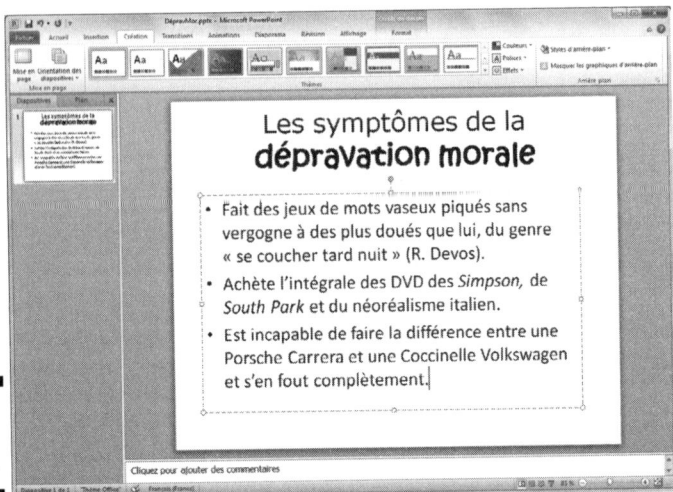

Figure 1.6 :
Une diaposi-
tive de texte.

✔ **Cliquer sur l'une des doubles flèches en bas de la barre de défilement vertical de la diapositive.** Vous avancez ou reculez alors d'une diapositive à la fois.

✔ **Utiliser les touches Page Haut et Page Bas du clavier pour vous déplacer d'une diapositive à la fois.**

✔ **Tirer le curseur de la barre de défilement vers le haut ou vers le bas.** Une infobulle indique le numéro de la diapositive atteinte. Pour afficher cette diapo, relâchez le bouton de la souris. C'est une technique très simple pour atteindre rapidement telle ou telle diapositive de votre présentation.

✔ **Cliquer sur la miniature de la diapositive à afficher, dans le volet gauche de la fenêtre principale de Power-Point.** Si les miniatures ne sont pas visibles, cliquez sur l'onglet Diapositives, à côté de l'onglet Plan.

## Choisir une mise en page

Dans les deuxième et troisième parties de ce livre, vous découvrirez diverses manières de créer de belles diapositives. Il n'est cependant pas indispensable d'attendre jusque-là pour appliquer quelques styles de base à votre présentation. J'ai déjà mentionné qu'Office 2010 est livré avec plusieurs thèmes prédéfinis de qualité professionnelle, destinés à créer des présentations soignées d'un seul clic de souris. Pour ce faire, cliquez sur l'onglet Création, dans le Ruban, puis, dans le groupe Thèmes, choisissez un thème qui vous plaît. La Figure 1.7 montre l'effet du thème Métro.

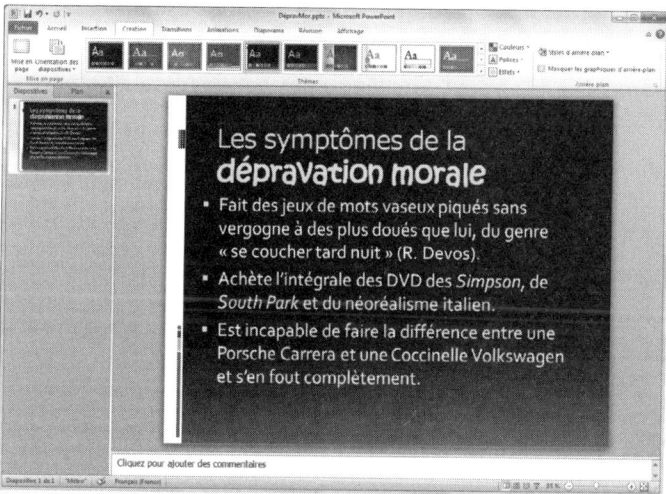

Figure 1.7 :
Une diapositive après l'application du thème Métro.

Faute de place, PowerPoint ne peut afficher tous les thèmes à la fois. À droite de ceux qui sont visibles, deux boutons de défilement permettent d'accéder au restant de la collection. Le bouton inférieur, sous ceux qui servent au défilement, affiche une palette montrant la totalité des thèmes livrés avec Office 2010.

## *Visionnez votre présentation*

Votre chef-d'œuvre terminé, affichez-le en suivant ces quelques étapes :

1. **Cliquez sur l'onglet Diaporama, dans le Ruban, puis, dans le groupe Démarrer le diaporama, cliquez sur le bouton À partir du début.**

Plusieurs raccourcis clavier exécutent cette commande. Vous pouvez appuyer sur F5 ou cliquer sur le bouton Diaporama, en bas à droite de PowerPoint.

2. **Admirez la première diapositive.**

Elle est affichée en plein écran. N'est-elle pas magnifique ?

3. **Appuyez sur la touche Entrée pour passer à la diapositive suivante.**

Cela fonctionne aussi avec la barre d'espace.

Pour revenir en arrière, appuyez sur la touche Page Haut.

4. **Appuyez sur Echap pour fermer le diaporama.**

Inutile d'atteindre la dernière diapositive. Vous pouvez quitter un diaporama en cours d'exécution et revenir à PowerPoint.

Pour des informations complètes sur le visionnement des présentations, consultez le Chapitre 6.

## Enregistrer votre travail

Après avoir passé des heures à mettre en place une aussi jolie présentation, il est temps de goûter un repos bien mérité en éteignant votre ordinateur. Erreur ! Ne faites jamais cela ! Vous perdriez tout le fruit d'un travail laborieux. Toute la présentation réside en effet dans la mémoire vive de l'ordinateur, qui se vide dès que vous éteignez votre machine. Vous devez enregistrer votre présentation sur le disque dur ou tout autre support.

PowerPoint propose pas moins de quatre manières d'enregistrer un document :

✔ Cliquer sur le bouton Enregistrer, dans la barre d'outils Accès rapide.

✔ Cliquer sur l'onglet Fichier et choisir Enregistrer.

✔ Appuyer sur Ctrl+S.

✔ Appuyer sur Maj+F12.

Si vous n'avez jamais enregistré votre travail, la boîte de dialogue Enregistrer sous apparaît. Donnez un nom à votre présentation, puis cliquez sur le bouton Enregistrer. Lorsqu'une présentation a été enregistrée une fois, l'enregistrer de nouveau n'ouvre plus la boîte de dialogue. En d'autres termes, enregistrer de nouveau la présentation au cours de votre travail la sauvegarde automatiquement à l'endroit défini lors du premier enregistrement.

Remarquez aussi qu'après le premier enregistrement du fichier, le nom *Présentation*, dans la barre de titre, est remplacé par le nom que vous avez donné au fichier. C'est un moyen sûr de savoir si un enregistrement a déjà été fait depuis que vous avez créé la présentation ou que vous l'avez ouverte.

Gardez ceci à l'esprit lorsque vous enregistrez des fichiers :

✔ Donnez un nom significatif à votre présentation. Le nom de fichier est celui qui permet d'identifier une présentation ; il doit donc en suggérer le contenu.

✔ Ne travaillez pas pendant des heures sur un projet sans l'enregistrer régulièrement. Le raccourci Ctrl+S doit être un réflexe conditionné. Utilisez-le chaque fois que vous effectuez des travaux qu'il serait bête de perdre par inadvertance ou à cause d'une coupure de courant inattendue. Il est également recommandé d'enregistrer votre travail avant de l'imprimer.

✔ Pour enregistrer une copie de la présentation sur laquelle vous travaillez, choisissez Fichier/Enregistrer sous. Nommez le fichier différemment puis cliquez sur Enregistrer.

✔ La commande Enregistrer sous contient un menu Type permettant d'enregistrer la présentation dans un autre format de fichier. Les options les plus importantes sont PDF et Document XPS. Les fichiers PDF – un format inventé par la société Adobe Systems – permettent au destinataire de consulter le contenu du fichier même s'il ne possède pas l'application qui l'a créé, Powerpoint en l'occurrence. Un document XPS offre le même service, mais il a été inventé par Microsoft.

# *Ouvrir une présentation*

Il est très facile d'ouvrir une présentation que vous avez enregistrée sur votre disque dur. Là encore, PowerPoint propose plusieurs moyens de le faire. Voici les trois plus courants :

- ✔ Cliquer sur l'onglet Fichier et choisir Ouvrir.

- ✔ Appuyer sur Ctrl+O.

- ✔ Appuyer sur Ctrl+F12.

Ces trois manipulations affichent la boîte de dialogue Ouvrir. Elle montre les fichiers parmi lesquels vous opérerez votre choix. Cliquez sur celui qui vous intéresse, puis sur le bouton Ouvrir.

La boîte de dialogue Ouvrir permet de parcourir tous les lecteurs et les dossiers de votre ordinateur. De fait, la boîte de dialogue Ouvrir de PowerPoint fonctionne comme toutes les boîtes de dialogue des applications conçues pour Windows.

Si vous ne trouvez plus un fichier, parcourez les différents dossiers pour voir s'il s'y trouve. Peut-être l'avez-vous placé par mégarde ailleurs que dans le dossier prévu. Ou alors vous ne l'avez pas enregistré sous le nom auquel vous pensiez : le fichier `EscaladeVerdon.pttx` s'appelle en réalité `EscalVerd.pptx`, ce qui ne vous avance guère. Dans ce cas, utilisez la fonction de recherche de Windows. Sous Windows XP, cliquez sur le bouton Démarrer, choisissez Rechercher et suivez les instructions. Sous Windows 7 et Vista, tapez tout ou partie du nom du fichier dans le champ Rechercher du menu Démarrer.

Le moyen le plus rapide d'ouvrir un fichier depuis la boîte de dialogue Ouvrir est de double-cliquer dessus.

PowerPoint conserve la trace des fichiers récemment ouverts. Cliquez sur l'onglet Fichier puis, dans le volet de gauche du Backstage, cliquez sur Récent. Cliquez ensuite sur le fichier à ouvrir.

# *Fermer une présentation*

Après une dure journée de labeur dans PowerPoint, vous fermerez votre présentation. Cette opération est comparable au rangement du bureau, lorsque vous placez tous les papiers dans des chemises que vous classez ensuite dans des armoires. La présentation disparaît de votre écran, mais pas de votre ordinateur, puisqu'elle est stockée sur le disque dur.

Pour fermer un fichier, cliquez sur le bouton Fermer, en haut à droite de PowerPoint (c'est le moyen le plus rapide). Ou alors cliquez sur l'onglet Fichier et choisissez Fermer. Ou encore optez pour le raccourci Ctrl+W.

Inutile de fermer un fichier avant de quitter PowerPoint, car ce dernier s'en charge. La seule raison de fermer un fichier est l'intention de travailler sur une autre présentation PowerPoint sans que les deux fichiers soient ouverts en même temps.

Si vous avez effectué des modifications non enregistrées, PowerPoint vous invite à les sauvegarder avant de fermer la présentation. Cliquez sur Oui pour enregistrer votre travail ou sur Non si vous souhaitez ne pas conserver les changements.

Quand toutes les présentations PowerPoint sont ouvertes, de nombreuses commandes de PowerPoint deviennent indisponibles (elles sont en grisé). Ouvrez une présentation ou créez-en une nouvelle et les commandes reviennent.

# *Quitter PowerPoint*

Vous avez eu assez d'émotions pour la journée ? Alors, quittez PowerPoint par l'une des techniques suivantes :

- ✔ Cliquez sur l'onglet Fichier puis, dans le volet de gauche, cliquez sur l'option Quitter.
- ✔ Cliquez sur le bouton de fermeture (x), dans le coin supérieur droit de PowerPoint.
- ✔ Appuyez sur Alt+F4.

Et voilà ! PowerPoint, y a plus !

Voici quelques points à connaître concernant la fermeture de PowerPoint (ou de toute autre application) :

- ✔ PowerPoint ne permet pas d'abandonner le navire sans proposer l'enregistrement de tout travail en cours. Si vous avez effectué des modifications non enregistrées, il vous donne une dernière chance de le faire avant de disparaître de l'écran.

- ✔ N'éteignez jamais, jamais, jamais, mais alors *jamais* votre ordinateur tant qu'une application (PowerPoint ou une autre) est ouverte. Quittez PowerPoint et tous les autres programmes avant de procéder à l'arrêt de votre machine.

# Chapitre 2
# Éditer des diapositives

*N*e lisez pas ce chapitre si vous êtes comme Mary Poppins, c'est-à-dire parfait en toutes choses. Les gens parfaits ne commettent jamais d'erreurs, ni dans la vie ni dans Power-Point. Ils n'ont pas besoin d'appuyer sur la touche Retour arrière pour corriger une erreur, ou d'ajouter une ligne parce qu'ils ont oublié un point important, ou de réorganiser leurs diapositives.

Mais si vous êtes comme le commun des mortels, vous ne serez jamais à l'abri d'erreurs ou d'omissions. Ce chapitre montre comment corriger ces imperfections.

## Se déplacer de diapositive en diapositive

Le moyen le plus rapide pour passer d'une diapositive à l'autre consiste à appuyer sur les touches Page Haut ou Page Bas :

✔ **Page Haut :** Déplace vers la diapositive précédente de votre présentation.

✔ **Page Bas :** Déplace vers la diapositive suivante.

Vous pouvez aussi opérer pareils déplacements en cliquant sur les doubles flèches situées en bas de la barre de défilement de la diapositive :

✔ **Flèches doubles :** Situées aux extrémités de la barre de défilement, elles font avancer ou reculer d'une diapositive à la fois.

✔ **Flèches simples :** Font défiler les diapositives en continu, en avant ou en arrière. Notez que si le zoom est défini pour n'afficher qu'une seule diapositive à la fois, cliquer sur ces flèches fait avancer ou reculer d'une diapositive.

✔ **Curseur de défilement :** Appelé aussi "ascenseur", cet élément fait défiler les diapositives en cliquant dessus et en le tirant vers le bas ou vers le haut. Au cours de cette opération, une infobulle mentionne la diapositive qui sera affichée si vous relâchez le bouton à ce moment.

# *Utiliser des objets*

*Au début, l'Utilisateur créa une Diapositive. Et la Diapositive resta sans forme et vide, sans contenu. Et l'Utilisateur dit : "Place ici un Objet Textuel." Et l'Objet Textuel fut placé ici. Puis il y eut une nuit puis le premier matin. Et l'Utilisateur dit : "Place là une Image." Et il y eut une Image placée là. Et il y eut de nouveau une nuit et un matin, le deuxième jour. Et cela continua pendant quarante jours et quarante nuits, jusqu'à ce qu'il y eut quarante Objets sur l'Unique Diapositive, chacun de sa propre Nature. Et tout l'auditoire, ce ramassis d'irrécupérables mécréants, s'en prit à l'Utilisateur, car cette foutue diapositive était bourrée comme un œuf – et l'Utilisateur et le Présentateur bourrés comme un coing – et que personne n'y comprenait plus rien.*

Tout cela pour vous dire qu'il ne faut jamais surcharger les diapositives d'une présentation.

La plupart des objets de votre diaporama seront du texte. Reportez-vous au Chapitre 8 pour en savoir plus sur les objets textuels.

Chaque diapositive dispose d'un ou plusieurs *espaces réservés*. Il s'agit de zones réservées pour le texte, les cliparts, un graphique et bien d'autres types d'objets. Par exemple, si vous choisissez la mise en page Titre, PowerPoint crée une nouvelle diapositive composée de deux espaces réservés : un pour le titre et l'autre pour le sous-titre. Vous pouvez ajouter d'autres objets à la diapositive ou bien en supprimer, les déplacer ou encore les redimensionner. Reportez-vous au Chapitre 1 pour en savoir plus sur la création d'une diapositive.

Vous pouvez ajouter des objets à votre diapositive, comme des cliparts, des graphiques, des formes et autres éléments, à l'aide des commandes de la barre d'outils Dessin. Pour plus d'informations sur les objets supplémentaires, lisez les Chapitres 12 à 17.

Chaque objet occupe une zone rectangulaire que le contenu de l'objet peut ou non remplir en totalité. Mais vous le verrez toujours lorsqu'il est sélectionné (voir la section "Sélectionner des objets", plus loin dans ce chapitre).

## *Sélectionner des objets*

Avant de modifier le contenu d'une diapositive, vous devez sélectionner l'objet sur lequel vous désirez intervenir. Par exemple, vous ne pouvez pas saisir directement du texte à l'écran. Il faut préalablement sélectionner l'objet texte (ou textuel, à votre convenance) qui contient le texte à modifier. En général, vous devez sélectionner tout objet en vue de le modifier.

Voici quelques points à garder à l'esprit quand vous sélectionnez des objets :

- ✔ **Objets textuels :** Pour sélectionner un objet textuel afin de le modifier, placez le pointeur de la souris dessus et cliquez sur le bouton gauche. Une zone rectangulaire apparaît autour de l'objet, et l'arrière-plan situé derrière le texte se transforme en couleur unie pour faciliter la lecture du texte. Un point d'insertion clignote dans la zone de saisie, indiquant l'emplacement où apparaîtra le texte.

- ✔ **Objets non textuels :** Les autres types d'objets fonctionnent un peu différemment. Cliquez sur un objet pour le sélectionner. Une zone de sélection rectangulaire entoure l'objet. Vous pouvez alors le déplacer ou le redimensionner, mais certainement pas le modifier. Pour modifier un objet non textuel, double-cliquez dessus. Le sélectionner n'est pas nécessaire. Pointez dessus avec la souris et double-cliquez.

✔ **Cliquer-déplacer :** Une autre manière de sélectionner un objet – ou plusieurs – consiste à utiliser le pointeur pour dessiner un cadre virtuel autour de l'objet à sélectionner. Pointez en haut à gauche de l'objet ou du groupe d'objets à sélectionner. Cliquez et, sans relâcher le bouton de la souris, faites glisser le pointeur dans le coin inférieur droit opposé. Lorsque vous relâchez le bouton de la souris, tous les objets se trouvant dans le rectangle sont sélectionnés.

✔ **Touche Tab :** Appuyez sur Tab pour sélectionner le premier objet de la diapositive. Appuyez de nouveau sur Tab pour sélectionner l'objet suivant. Vous aurez compris qu'il faut appuyer sur la touche jusqu'à ce que l'objet à modifier soit sélectionné.

✔ **Touche Ctrl :** Vous pouvez sélectionner plusieurs objets en cliquant sur le premier puis, touche Ctrl enfoncée, en cliquant sur les autres objets à sélectionner.

Appuyer sur la touche Tab est commode lorsqu'il est impossible de pointer précisément sur un objet. Ce problème survient quand des objets sont empilés et donc difficilement accessibles.

## Redimensionner ou déplacer un objet

Quand vous sélectionnez un objet, une zone rectangulaire de sélection (que l'on appelle *cadre* ou *marque de sélection*) l'encadre (voir Figure 2.1). Elle est entourée de *poignées* à chaque coin et au milieu de chaque bord. Il suffit de positionner le pointeur de la souris sur un des bords – mais entre deux poignées – pour déplacer l'objet.

Les objets graphiques sont dotés d'une poignée verte appelée *poignée de rotation*. Elle permet de pivoter librement l'objet.

Poignée de redimensionnement

Poignée de rotation

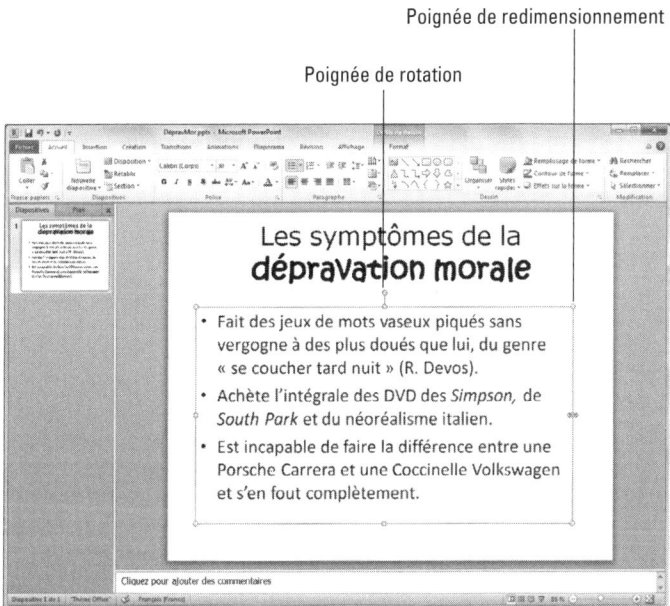

Figure 2.1 :
Un objet,
comme ici
une zone de
texte, peut
être redi-
mensionné
à l'aide des
poignées.

Pour modifier la taille d'un objet, sélectionnez-le. Cliquez
ensuite sur une poignée et, bouton de la souris enfoncé, faites
glisser le pointeur dans le sens voulu du redimensionnement.
Relâchez le bouton de la souris : c'est fait !

Les diverses poignées d'un objet permettent d'agir différemment sur son redimensionnement :

- Les poignées situées dans les angles permettent de modifier la hauteur et la largeur de l'objet.

- Les poignées situées sur les bords supérieur et inférieur
  modifient la hauteur.

- Les poignées situées sur les bords latéraux n'agissent que
  sur la largeur.

Quand la touche Ctrl reste enfoncée pendant que vous tirez
une poignée, l'objet reste centré à sa position. Maintenez la
touche Maj enfoncée pendant que vous agissez sur des poignées d'angle, et les proportions de l'objet sont préservées.

Modifier la taille d'un objet textuel ne modifie pas le texte de l'objet ; seul le cadre contenant le texte change de taille. Cela équivaut à modifier les marges dans un document Word. Les lignes de texte sont plus ou moins rapprochées, mais la taille du texte reste la même. Reportez-vous au Chapitre 8 pour savoir comment la modifier.

Pour déplacer un objet, cliquez n'importe où sur une bordure du cadre de sélection, mais surtout pas sur une poignée. Faites glisser l'objet jusqu'à l'endroit désiré, puis relâchez le bouton de la souris.

Le cadre de sélection peut être difficile à distinguer sur un arrière-plan un peu trop chargé. Si vous sélectionnez un objet et que vous ne voyez pas bien son cadre de sélection, cliquez sur l'onglet Affichage, dans le Ruban, puis choisissez l'une des options Couleurs/Nuances de gris suivantes :

✔ **Couleur :** Affiche toutes les couleurs des diapositives.

✔ **Niveau de gris :** Affiche les couleurs en nuances de gris (l'équivalent du noir et blanc en photographie).

✔ **Noir et blanc intégral :** Affiche les diapositives uniquement en noir et uniquement en blanc.

Les modes Niveau de gris et Noir et blanc intégral permettent de mieux voir les poignées. Revenez ensuite à l'affichage Couleur.

## Editer un objet texte

Quand un objet texte est sélectionné, PowerPoint se transforme en petit traitement de texte : le texte revient automatiquement à la ligne. Vous n'appuyez sur la touche Entrée que pour créer un nouveau paragraphe.

Le texte d'une présentation PowerPoint est généralement précédé d'une puce au début de chaque paragraphe. Sa forme par défaut dépend du thème appliqué à la diapositive ; mais rien ne vous empêche d'en changer pour une autre de quasiment n'importe quelle forme. Une puce fait partie intégrante de la mise en forme d'un paragraphe. Il ne s'agit pas d'un caractère que vous devez saisir. Elle apparaît dès que vous appuyez sur la touche Entrée.

Presque tous les logiciels de traitement de texte permettent de choisir entre le *mode insertion* et le *mode refrappe*. Avec le mode insertion, chaque caractère que vous saisissez s'insère à l'endroit du point d'insertion, repoussant éventuellement vers la droite des caractères existants. En mode refrappe, chaque caractère saisi remplace les caractères existants à la position du point d'insertion. PowerPoint travaille toujours en mode insertion. Le texte que vous saisissez apparaît donc au point d'insertion. Appuyer sur la touche Insert n'aura aucun effet ici.

Vous pouvez vous déplacer dans un objet textuel à l'aide des touches fléchées du pavé directionnel. Vous pouvez aussi utiliser les touches Fin et Origine pour rejeter le curseur en fin de ligne ou en début de ligne. Les flèches peuvent s'utiliser conjointement avec la touche Ctrl. Par exemple, Ctrl+Flèche droite et Ctrl+Flèche gauche permettent de placer respectivement le point d'insertion devant ou derrière le mot.

Pour supprimer du texte, appuyez sur la touche Suppr ou Retour arrière. Appuyez sur Ctrl+Suppr pour effacer la totalité d'un mot, en appuyant d'abord sur Ctrl+Flèche gauche ou Ctrl+Flèche droite afin de déplacer le point d'insertion au début du mot à supprimer. Appuyez ensuite sur Ctrl+Suppr.

# *Sélectionner du texte*

Certaines opérations exigent une sélection préalable du texte. Voici les techniques à votre disposition :

- ✔ **Avec le clavier**, maintenez la touche Maj enfoncée et appuyez sur les touches du pavé directionnel correspondant à la direction dans laquelle se trouve le texte à sélectionner.

- ✔ **Avec la souris**, pointez au début du texte à sélectionner, puis cliquez et faites glisser le pointeur sur le texte concerné. Relâchez le bouton quand vous avez atteint le dernier mot à marquer.

PowerPoint est doté d'une option de sélection automatique d'un mot entier. Si vous utilisez la souris pour marquer un bloc de texte, vous observerez que le texte sélectionné inclut toujours les mots en entier, même si vous tentez de vous arrêter à l'intérieur d'un mot. Si cette fonction vous gêne, désactivez-la en cliquant sur l'onglet Fichier, puis sur le bouton Options. Cliquez sur Options avancées et décochez la case Lors d'une sélection, sélectionner automatiquement le mot entier.

Voici quelques conseils pour sélectionner du texte :

- **Un seul mot :** Pour sélectionner un seul mot, double-cliquez dessus.

- **Un paragraphe entier :** Pour sélectionner tout un paragraphe, triple-cliquez dedans.

Après avoir sélectionné du texte, modifiez-le par l'une de ces techniques :

- **Supprimer du texte :** Pour supprimer la totalité d'un bloc de texte sélectionné, appuyez sur Suppr ou Retour arrière.

- **Remplacer du texte :** Pour remplacer un bloc de texte sélectionné, saisissez le nouveau texte. Le bloc disparaît et votre nouvelle prose le remplace dès que vous appuyez sur une lettre.

- **Couper, Copier et Coller :** Vous pouvez utiliser les commandes Couper, Copier et Coller du groupe Presse-papiers. Elles sont détaillées dans la section qui suit.

# Couper, Copier et Coller

Comme tout programme Windows qui se respecte, PowerPoint est doté des commandes standard Couper, Copier et Coller. Elles s'appliquent au texte ou à l'objet sélectionné (tiens c'est bizarre, CCC sont les initiales de Chaos Computer Club, un célèbre groupuscule de pirates informatiques... Mais c'est sans doute un hasard...).

Couper, Copier et Coller fonctionnent dans un lieu de Windows assez mystérieux : le *Presse-papiers*. Il s'agit d'un espace de stockage temporaire où Windows entrepose tout ce que vous copiez ou coupez afin de pouvoir le coller dans une présentation ou toute autre application.

Dans le Ruban, les commandes exploitant le Presse-papiers se trouvent dans le groupe du même nom, sous l'onglet Accueil. Trois des quatre boutons qui s'y trouvent servent à travailler directement avec le Presse-papiers :

Couper

Copier

Coller

Remarquez la taille plus grande du bouton Coller et sa flèche qui déroule un menu. En cliquant sur l'icône du Presse-papiers, l'objet qui a été coupé ou copié en dernier est collé. En revanche, si vous cliquez sur la flèche, des options supplémentaires sont proposées. Nous y reviendront à la prochaine section, "Dupliquer un objet".

Une nouvelle fonctionnalité de PowerPoint 2010 permet de voir l'apparence qu'aura le contenu du Presse-papiers avant de le coller dans une diapositive. Pour voir comment elle fonctionne, commencez par couper ou copier quelque chose (l'élément est de ce fait envoyé dans le Presse-papier). Cliquez ensuite sur le bouton fléché situé sous le bouton Coller. Une palette apparaît ; elle contient plusieurs boutons représentant chacun une manière différente de coller la sélection. Immobilisez le pointeur de la souris sur chacun de ces boutons pour voir de quelle manière l'élément sera collé dans la diapositive. Si l'une de ces manières vous convient, cliquez pour coller.

Pour supprimer définitivement un objet, sélectionnez-le puis enfoncez la touche Suppr ou Retour arrière. Cette opération efface l'objet de la diapositive, mais sans le conserver dans le Presse-papiers. Il disparaît une fois pour toutes. Il est certes possible de le récupérer avec la commande Annuler, mais seulement en s'y prenant rapidement. Pour en savoir plus, reportez-vous à la section "Oups ! ce n'est pas ce que je voulais faire..."

TRUC

Pour placer un même objet dans chacune de vos diapositives, vous devez appliquer une meilleure technique que le copier-coller ; à savoir le placer dans un masque de diapositives qui régit la mise en forme de toutes les diapositives d'une présentation (voir le Chapitre 11).

## Dupliquer un objet

PowerPoint est doté d'une commande Dupliquer permettant de créer rapidement des copies d'un objet. Pour ce faire, sélectionnez un objet et appuyez sur Ctrl+D. Positionnez ensuite la copie où bon vous semble.

Un moyen encore plus facile de dupliquer un objet consiste à maintenir la touche Ctrl enfoncée, à cliquer sur un objet et à le tirer à un autre emplacement. Dès que vous relâchez le bouton de la souris, une copie de l'objet est créée.

## Le volet Presse-papiers

Le volet Presse-papiers permet de collecter jusqu'à 24 éléments textuels ou graphiques provenant de n'importe quel programme Office, et de les coller sélectivement dans vos présentations. Pour afficher le volet Presse-papiers, cliquez sur le minuscule bouton du lanceur du volet, à droite du titre du groupe Presse-papiers, sous l'onglet Accueil du Ruban. Le volet Presse-papiers apparaît (Figure 2.2). Remarquez les divers objets qu'il contient.

Pour coller dans une diapositive l'un des divers objets présents dans le volet Presse-papiers, cliquez dessus.

## Oups ! ce n'est pas ce que je voulais faire... (la merveilleuse commande Annuler)

Une erreur ? Pas de panique ! Utilisez la commande Annuler. C'est votre bouée de sauvetage, ne l'oubliez jamais.

Une erreur peut être annulée de deux manières :

Volet Presse-papiers

Lanceur du volet

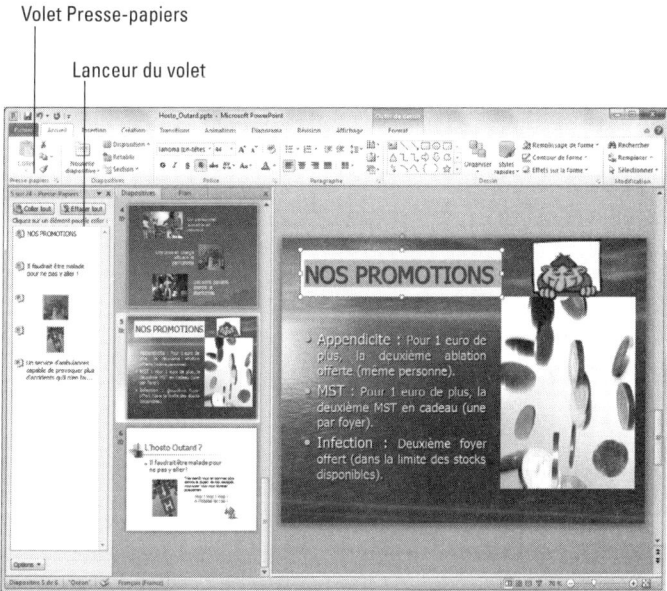

Figure 2.2 :
Le volet
Presse-pa-
piers, à
gauche,
contient
plusieurs
objets.

> ✔ Choisir Edition/Annuler dans la barre Accès rapide.

> ✔ Appuyer sur Ctrl+Z.

Annuler fait revenir sur l'action que vous venez de commettre. Si vous avez déplacé un objet, la commande Annuler le remet à sa place. Vous saisissez le principe ?

Annuler est une commande si utile que je vous encourage à mémoriser ce raccourci clavier pour l'exécuter dès que vous en aurez besoin : Ctrl+Z.

Jusqu'à vingt actions peuvent être annulées, soit en répétant la commande, soit en cliquant sur la flèche près de la commande Annuler et en choisissant dans la liste l'action à laquelle il faut remonter. Il est recommandé d'annuler une erreur aussitôt que possible. En effet, l'annulation de plusieurs étapes oblige à refaire celles qui étaient correctes, puisque PowerPoint ne dispose pas d'un historique où l'on puisse annuler une action dans une liste et laisser intactes celles qui suivent. Avec Power-Point, vous remontez étape par étape dans l'annulation des actions. Pour cette raison, appuyez sur Ctrl+Z dès que vous commettez une erreur.

PowerPoint dispose aussi d'une fonction Refaire. C'est une annulation d'une annulation. Voici deux manières de rétablir une action :

- ✔ Cliquer sur le bouton Refaire, dans la barre d'outils Accès rapide.

- ✔ Appuyer sur Ctrl+Y.

  Notez que si la dernière action effectuée n'était pas une annulation, le bouton Refaire est remplacé par un bouton Répéter qui exécute de nouveau la dernière commande.

# Supprimer une diapositive

Vous voulez supprimer une diapositive ? Pas de problème ! Affichez-la et appuyez sur le bouton Supprimer, dans le groupe Diapositives de l'onglet Accueil. Plus de diapo !

Une autre technique consiste à cliquer sur la miniature d'une diapositive dans le volet de gauche de PowerPoint, puis d'appuyer sur la touche Suppr ou Retour arrière.

Vous avez supprimé une diapositive par erreur ? Pas de problème ! Appuyez immédiatement sur Ctrl+Z ou cliquez sur le bouton Annuler pour la récupérer aussitôt.

# Dupliquer une diapositive

PowerPoint dispose d'une fonction Dupliquer la diapositive qui permet de faire, en une seule opération, une copie conforme d'une diapositive existante. Ainsi, après avoir passé des heures à mettre une diapositive en page, vous la dupliquerez en moins de temps qu'il n'en faut pour le dire. Elle servira de base pour une autre diapositive de la présentation.

Pour dupliquer une ou plusieurs diapositives, sélectionnez-les puis cliquez sur l'onglet Accueil, dans le Ruban. Dans le groupe Diapositives, cliquez sur la flèche sous Nouvelle diapositive, et choisissez Dupliquer les diapositives sélectionnées.

Si vous êtes un adepte du raccourci clavier, il suffit de sélectionner la diapositive à dupliquer dans le volet Diapositives, à gauche de la fenêtre de PowerPoint, et d'appuyer sur Ctrl+D.

# Trouver du texte

Comment savoir quelle est la diapositive affichant un texte particulier dans une présentation qui ne compte pas moins de soixante diapos ? C'est là qu'intervient la fonction Rechercher de PowerPoint.

Grâce à cette commande, vous trouverez n'importe quel texte dans n'importe quelle diapositive. Voici les quelques étapes à suivre :

1. **Déterminez le texte à trouver.**

2. **Cliquez sur le bouton Rechercher, dans le groupe Modification de l'onglet Accueil, ou appuyez sur Ctrl+F.**

   La Figure 2.3 montre la boîte de dialogue Rechercher qui apparaît.

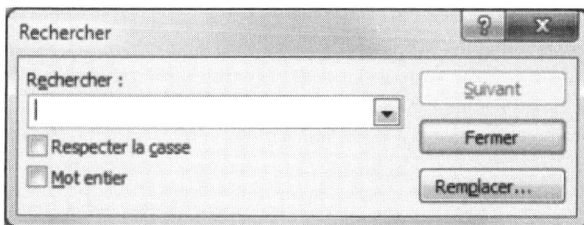

Figure 2.3 :
La boîte de
dialogue
Rechercher.

3. **Saisissez le texte à trouver.**

   Il doit figurer dans le champ Rechercher.

4. **Appuyez sur la touche Entrée.**

   Ou cliquez sur le bouton Suivant.

Pour peu que le texte recherché se trouve quelque part dans la présentation, la commande Rechercher vous amène directement à la diapositive en question. Le texte est mis en surbrillance, c'est-à-dire qu'il est sélectionné. Vous pouvez alors le modifier ou rechercher une autre occurrence du texte dans la présentation. Si vous modifiez le texte, la boîte de dialogue Rechercher reste affichée pour vous permettre de poursuivre vos... recherches.

Gardez ces recommandations à l'esprit quand vous utilisez la commande Rechercher :

✔ **Pour trouver la prochaine occurrence :** Appuyez de nouveau sur Entrée ou cliquez sur le bouton Suivant, dans la boîte de dialogue.

✔ **Pour modifier une occurrence :** Cliquez sur l'objet textuel. La boîte de dialogue reste à l'écran. Pour poursuivre la recherche, cliquez de nouveau sur le bouton Suivant.

✔ **Pas besoin d'être au début de la présentation** pour lancer une recherche globale. Dès que PowerPoint atteint la fin du document, il poursuit la recherche au début jusqu'au point où vous avez sollicité la commande Rechercher.

✔ **Cela ne fonctionne pas à tous les coups :** PowerPoint peut afficher le message suivant :

```
PowerPoint a terminé la recherche de la présentation.
L'élément recherché est introuvable.
```

Ce message signifie que PowerPoint rentre bredouille au bercail. Le texte saisi n'existe pas dans le diaporama. Ou alors, vous l'avez peut-être mal orthographié.

✔ **Gare à la casse !** Si l'utilisation des majuscules et des minuscules est un critère déterminant, cochez la case Respecter la casse avant de lancer la recherche. Cette option est fondamentale quand, par exemple, vous cherchez un texte où il est question d'un M. *Pont*, un gros *ponte* qui habite près de *Pontarlier*.

✔ **Utilisez l'option Mot entier :** Pour ne trouver que le texte qui apparaît sous la forme d'un mot entier. Par exemple, si vous cherchez le mot *pont* et que vous ne cochez pas cette case, PowerPoint s'arrêtera sur *Dupont*, *Pontarlier* ou encore *apponter*. Dans ce cas, saisissez *pont* dans le champ Rechercher et cochez Mot entier. PowerPoint ne

s'arrêtera que sur les occurrences du terme *pont* (mais
pas *ponts*).

✔ **Remplacez, le cas échéant :** Si vous trouvez le texte
recherché et souhaitez le remplacer par d'autres termes,
cliquez sur le bouton Remplacer. Cette fonction est étu-
diée à la prochaine section.

✔ **Fermez la boîte de dialogue :** Cliquez sur le bouton Fermer ou appuyez sur la touche Echap.

## Remplacer du texte

Supposons que vous appreniez que le nom "Dupont", dont il
est abondamment question dans votre présentation, s'ortho-
graphie en réalité "du Pont". Pour éviter un regrettable crime
de lèse-narcissisme doublé d'un redoutable incident diploma-
tique, vous utiliserez la fonction Remplacer :

1. **Cliquez sur le bouton Rechercher – il se trouve lui aussi
dans le groupe Modification de l'onglet Accueil – ou
appuyez sur Ctrl+H.**

   La boîte de dialogue de la Figure 2.4 apparaît.

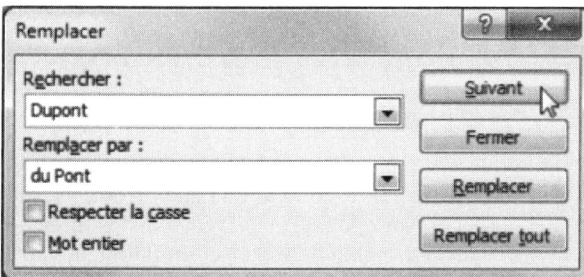

Figure 2.4 :
La boîte de
dialogue
Remplacer.

2. **Dans le champ Chercher, saisissez le texte à trouver.**

   Ce sera dans notre exemple le mot **Dupont**.

3. **Dans le champ Remplacer par, saisissez le texte de remplacement.**

   Ce seront les mots **du Pont**.

4. **Cliquez sur le bouton Suivant.**

PowerPoint s'arrête à la première occurrence.

5. **Cliquez sur Remplacer pour substituer le texte saisi au texte en place.**

N'oubliez jamais de vérifier la pertinence du remplacement en cours.

6. **Cliquez de nouveau sur Suivant et remplacez toutes les occurrences appropriées.**

Si vous devez remplacer toutes les occurrences du texte dans votre présentation, cliquez directement sur Remplacer tout. Dans ce cas, n'oubliez pas de cocher la case Mot entier, sinon PowerPoint remplacera également les occurrences qui se trouvent dans un mot. Par exemple, si vous remplacez *pont* par *passerelle*, PowerPoint remplacera *Dupont* par *Dupasserelle*. C'est dire combien cette option doit être utilisée avec la plus extrême circonspection car vous n'avez pas la possibilité de vérifier le bien-fondé des remplacements.

Si la commande Remplacer tout a semé la pagaille dans votre présentation, recourez à la commande Annuler pour tout remettre en ordre.

# *Réorganiser vos diapositives avec la Trieuse de diapositives*

En mode Normal, l'affichage permet de modifier directement les diapositives en y ajoutant du texte ou des graphiques, etc. Ce mode connaît quelques limitations : vous ne bénéficiez pas d'une vue d'ensemble de votre présentation, et vous ne voyez en détail qu'une seule diapositive. Pour obtenir un affichage global de la présentation, passez en mode Trieuse de diapositives.

Ce mode peut être activé de deux manières :

 ✔ Cliquer sur le bouton Mode Trieuse de diapositives, à droite dans la barre d'état.

✔ Choisir l'onglet Affichage, dans le Ruban, et cliquer sur le bouton Trieuses de diapositives, dans le groupe Affichage des présentations.

La trieuse de diapositives apparaît (Figure 2.5).

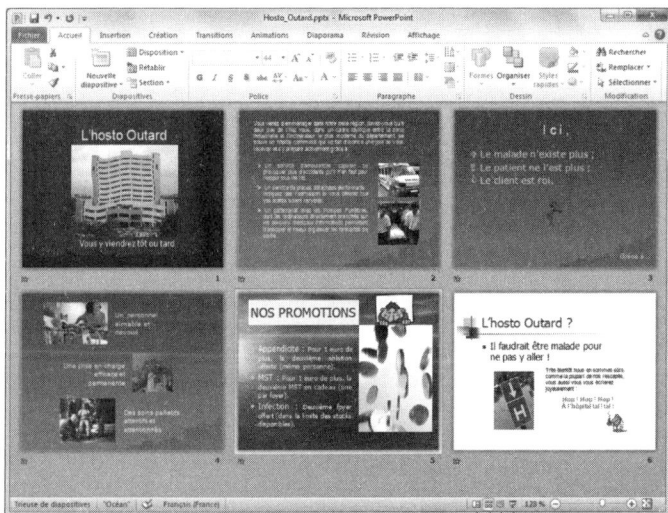

Figure 2.5 :
La trieuse de diapositives montre l'ensemble des diapositives.

Normal | Diaporama
Mode Lecture
Trieuse de diapositives

Voici comment réorganiser, ajouter ou supprimer des diapositives dans la trieuse :

✔ **Pour déplacer une diapositive** : Cliquez dessus et faites-la glisser vers un nouvel emplacement. Pointez sur la diapositive, maintenez le bouton gauche de la souris enfoncé, et faites glisser la diapositive. Relâchez le bouton de la souris quand elle se trouve correctement positionnée dans la présentation.

✔ **Pour supprimer une diapositive** : Cliquez dessus pour la sélectionner et appuyez sur la touche Suppr. Cette action n'est possible qu'en mode Trieuse de diapositives.

✔ **Pour ajouter une nouvelle diapositive** : Cliquez sur celle
que la nouvelle diapo doit suivre, puis cliquez sur le
bouton Nouvelle diapositive : le volet Mise en page des
diapositives apparaît. Pour modifier le contenu de cette
diapositive (ou d'une autre), revenez à l'affichage Diapositives ou Plan en cliquant sur les boutons de vue situés
à droite dans la barre d'état, ou sous l'onglet Affichage du
Ruban.

Si la présentation contient plus de diapositives que ne peut
en afficher l'écran, modifiez le facteur de zoom. Réduisez le
pourcentage. Vous verrez davantage de diapositives, mais plus
petites.

La trieuse de diapositives ne paraît pas très attrayante ni très
enthousiasmante. Mais c'est pourtant ici que vous définirez les
transitions et les effets, ou que vous placerez des animations
sympathiques dans vos diapositives. Tout cela est décrit au
Chapitre 10.

# Chapitre 3
# Planifier
# votre présentation

*L*a plupart des présentations sont faites de diapositives qui répertorient des éléments à l'aide de listes à puces. Elles contiennent aussi quelques représentations graphiques, notamment des cliparts destinés à détendre l'atmosphère d'une présentation autrement fort austère. On est loin du cinéma burlesque, mais c'est sans doute le meilleur moyen de bien faire passer un message. C'est pourquoi les présentations s'accommodent très bien du mode Plan.

## Accéder au mode Plan

Pour basculer en mode Plan, cliquez sur l'onglet du même nom. Le plan de la présentation est alors affiché, avec pour chaque diapositive le titre affiché au premier niveau et le texte affiché au niveau inférieur. La Figure 3.1 montre cet agencement. Notez que si une diapositive est dépourvue de titre, elle apparaîtra néanmoins dans le plan, mais avec bien sûr un niveau supérieur vide.

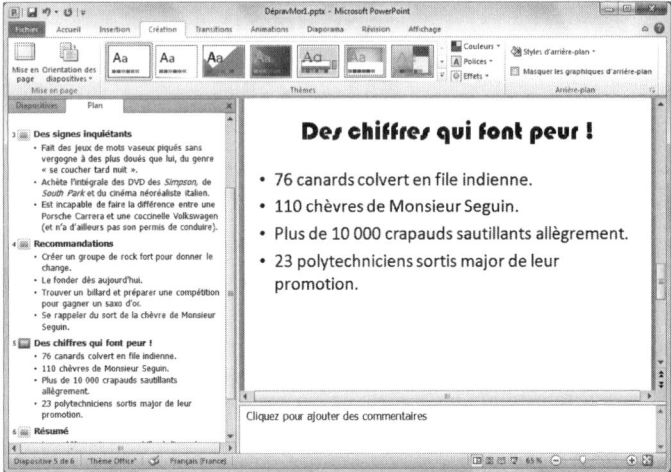

Figure 3.1 :
L'affichage
du plan d'une
présentation.

Le volet du plan peut être élargi en tirant sa bordure vers la droite.

Les points suivants attirent votre attention sur quelques éléments importants du plan :

✔ **Le plan est constitué à partir des titres et du texte courant de chaque diapositive.** Tous les autres éléments de la présentation, comme des images, des graphiques et j'en passe, ne sont pas représentés. Tout objet textuel ajouté manuellement ne sera pas affiché dans le plan.

✔ **Chaque diapositive est représentée par son titre placé au niveau le plus élevé.** Le texte du titre se trouve à droite de la diapositive. Le numéro de la diapositive est à gauche.

✔ **Chaque ligne de texte courant d'une diapositive est placée en retrait du titre.** Cette présentation révèle bien la hiérarchie des niveaux.

✔ **Un plan peut contenir des sous-points subordonnés aux points principaux.** PowerPoint permet de créer jusqu'à cinq niveaux de titres sur chaque diapositive. Au-delà de trois niveaux, une diapositive devient assez difficile à lire. Vous en apprendrez davantage sur les niveaux dans la section "Promouvoir et abaisser des paragraphes", plus loin dans ce chapitre.

# Sélectionner et modifier une diapositive

Quand vous travaillez en mode Plan, vous devez souvent sélectionner la totalité d'une diapositive. Il suffit pour cela de cliquer dans son icône. Procéder ainsi sélectionne son titre ainsi que tout le corps du texte. De plus, tous les objets supplémentaires présents dans la diapositive, comme les graphismes, sont également sélectionnés, même s'ils n'apparaissent pas dans le plan.

Vous pouvez supprimer, couper, copier ou dupliquer toute une diapositive :

- **Supprimer :** Pour supprimer la totalité d'une diapositive, sélectionnez-la et appuyez sur Entrée.

- **Couper ou copier :** Pour couper ou copier une diapositive entière en utilisant le Presse-papiers, sélectionnez-la et appuyez sur Ctrl+X (couper), Ctrl+C (copier) ou utilisez les boutons Couper et Copier, sous l'onglet Accueil du Ruban. Placez ensuite le curseur où bon vous semble et appuyez sur Ctrl+V, ou utilisez le bouton Coller, pour coller le contenu du Presse-papiers. Ces opérations sont aussi possibles en cliquant du bouton droit et en choisissant l'option désirée dans le menu contextuel.

- **Dupliquer :** Sélectionnez la diapositive et appuyez sur Ctrl+D. Cette action place une copie de la diapositive juste après l'original. En fait, vous n'avez pas même à sélectionner la totalité de la diapositive pour la dupliquer : cliquez simplement dans son titre ou dans le corps de son texte.

# Sélectionner et modifier un paragraphe

Vous pouvez sélectionner et modifier tout un paragraphe. Cliquez sur la puce du paragraphe à sélectionner ou triple-cliquez n'importe où dans le texte. Pour supprimer tout un paragraphe ainsi que ceux qui lui sont subordonnés, sélectionnez-le et appuyez sur la touche Suppr.

Pour couper ou copier tout un paragraphe vers le Presse-papiers avec ses paragraphes subordonnés, sélectionnez-le et appuyez sur Ctrl+X (Couper) ou Ctrl+C (Copier). Vous pouvez ensuite utiliser Ctrl+V pour coller le paragraphe dans n'importe quel endroit de la présentation.

# *Promouvoir et abaisser des paragraphes*

*Promouvoir* un paragraphe consiste à le placer à un niveau hiérarchique supérieur dans le plan.

*Abaisser* un paragraphe est l'inverse : le paragraphe descend d'un niveau hiérarchique dans le plan.

Pour promouvoir un paragraphe, placez le curseur n'importe où dans le paragraphe concerné et appuyez sur Maj+Tab, ou cliquez sur Réduire le niveau de liste, dans le groupe Paragraphe. Notez qu'il n'est pas possible de promouvoir un titre, qui occupe d'ores et déjà le niveau le plus élevé. En revanche, si vous l'abaissez, la diapositive tout entière est subsumée.

Pour abaisser un paragraphe, placez le curseur n'importe où dans son texte. Ensuite, appuyez sur la touche Tab ou cliquez sur Augmenter le niveau de liste, dans le groupe Paragraphe.

Des paragraphes peuvent être promus ou abaissés à l'aide de la souris, mais la technique est quelque peu délicate. Quand le pointeur se trouve au-dessus d'un point – ou du bouton Diapositives –, il passe d'une flèche simple à une flèche à quatre pointes ; cette métamorphose indique que vous pouvez cliquer pour sélectionner la totalité du paragraphe, ainsi que tous les paragraphes subordonnés. Vous pourrez ensuite promouvoir ou abaisser le paragraphe et ses subordonnés en le tirant vers la droite ou vers la gauche.

Sachez qu'un paragraphe rabaissé risque de déprimer sérieusement et de porter plainte pour harcèlement moral. En revanche, vous pouvez compter sur la flagornerie d'un paragraphe promu.

# Ajouter un nouveau paragraphe

Pour ajouter un nouveau paragraphe à une diapositive en mode Plan, placez le curseur à la fin du paragraphe après lequel vous voulez en insérer un, et appuyez sur la touche Entrée. PowerPoint crée le nouveau paragraphe au même niveau que celui qui le précède.

Notez que si vous placez le point d'insertion à la fin de la ligne et que vous appuyez sur Entrée, PowerPoint crée une nouvelle diapositive. Vous pouvez ensuite appuyer sur la touche Tab pour transformer la nouvelle diapositive en paragraphe, dans la diapo précédente.

Si vous placez le point d'insertion au début du paragraphe et appuyez sur la touche Entrée, le nouveau paragraphe est inséré au-dessus du point d'insertion. Si vous placez le point d'insertion au centre du paragraphe et appuyez sur Entrée, le paragraphe est scindé en deux parties.

Après avoir ajouté un nouveau paragraphe, vous pouvez en modifier le niveau directement dans le plan. Pour cela, haussez ou abaissez le nouveau paragraphe. Pour créer un sous-point dans un point principal, placez le curseur à la fin du point principal et appuyez sur la touche Entrée. Ensuite, abaissez le nouveau paragraphe en appuyant sur la touche Tab.

# Ajouter une nouvelle diapositive

En mode Plan, une nouvelle diapositive peut être ajoutée de plusieurs manières :

✔ **Hausser un texte existant** : Placez-le au niveau le plus élevé. Cette technique scinde une diapositive en deux.

✔ **Hausser un nouveau texte :** Ajoutez un nouveau paragraphe et haussez-le au niveau le plus élevé.

✔ **Appuyer sur Entrée :** Placez le pointeur dans le titre d'une diapositive et appuyez sur Entrée. Cette méthode crée une nouvelle diapositive avant la diapositive en cours. En fonction de la position du curseur dans le titre,

le texte reste sur la diapositive en cours, apparaît sur la
nouvelle diapositive ou est réparti sur les deux diapos.

✔ **Appuyer sur Ctrl+Entrée :** Placez le point d'insertion
dans le texte courant de la diapositive, et appuyez sur la
touche Entrée. Cette méthode crée une nouvelle diapositive après la diapo en cours. La position du curseur
dans la diapositive existante importe peu ; la nouvelle
diapo est toujours créée après celle en cours. Le point
d'insertion doit être dans le texte courant pour que cette
méthode fonctionne. Si vous placez le point d'insertion
dans le titre de la diapositive et appuyez sur Ctrl+Entrée,
le curseur passe au texte courant sans créer de nouvelle
diapo.

✔ **Insérer une nouvelle diapositive :** Placez le point d'insertion n'importe où dans la diapositive et appuyez sur
Ctrl+M, ou cliquez sur le bouton Nouvelle diapositive,
dans le groupe Diapositives de l'onglet Accueil, dans le
Ruban.

✔ **Dupliquer une diapositive :** Sélectionnez une diapositive
en cliquant sur son icône dans le mode Plan ou en triple-
cliquant sur son titre, et appuyez ensuite sur Ctrl+D.

TRUC

Puisque le plan se focalise sur le contenu plutôt que sur la mise
en page, les nouvelles diapositives héritent de la mise en forme
Liste à puces. Elle comporte un titre et du texte mis en forme
avec des puces.

# Déplacer du texte de haut en bas

Le plan sert à réorganiser une présentation. Vous pouvez facilement modifier l'ordre de chacun des points d'une diapositive,
ou réorganiser les diapositives.

Pour déplacer le texte de haut en bas, cliquez du bouton droit
dans le paragraphe à déplacer puis, dans le menu contextuel,
choisissez Monter ou Descendre. Le pointeur prend la forme
d'une flèche à quatre têtes. Tirez-le vers le haut ou le bas. Une
ligne horizontale montre la position exacte de la sélection.
Lorsque cette dernière se trouve au bon endroit, relâchez le
bouton droit de la souris afin de placer le texte.

# Développer et réduire le plan

Si votre présentation contient de nombreuses diapositives, la structure de la présentation devient difficile à appréhender, même en mode Plan. Heureusement, PowerPoint permet de *réduire* le plan pour n'afficher que les titres. La réduction d'un plan ne supprime pas le texte courant, mais se contente de le masquer pour que vous puissiez focaliser votre attention sur l'ordre des diapositives.

*Développer* une présentation restaure le texte courant préalablement masqué par une réduction du plan. Vous pouvez réduire et développer une présentation complète ou simplement quelques diapositives.

Pour réduire la totalité d'une présentation, cliquez du bouton droit n'importe où dans le plan, puis choisissez Réduire/Réduire tout, ou utilisez le raccourci Alt+Maj+I. Pour développer la présentation, cliquez du bouton droit et choisissez Développer/Développer tout, ou utilisez le raccourci Alt+Maj+9.

Pour réduire une seule diapositive, cliquez du bouton droit n'importe où dans le plan, puis choisissez Réduire/Réduire tout. Vous pouvez également passer par le menu contextuel de la diapositive et choisir Réduire. Pour développer une diapositive réduite, cliquez dedans du bouton droit et choisissez Développer/Développer tout.

# Chapitre 4

# Vérifier
# vos présentations

. . . . . . . . . . . . . . . . . . . . . . . . . . . . . . . . . . . . . . . . .

*Dans ce chapitre :*

▸ Vérifier l'orthographe.

▸ Trouver des synonymes.

▸ Gérer les majuscules et les minuscules.

▸ Utiliser la correction automatique.

. . . . . . . . . . . . . . . . . . . . . . . . . . . . . . . . . . . . . . . . .

*N*'étant pas un as de l'orthographe, me voici bien content d'utiliser les fonctions de correction orthographique des divers logiciels qui jonglent avec les mots. Le français est inflexible et ses règles grammaticales draconiennes, et j'avoue qu'aujourd'hui nous sommes moins attentifs à l'orthographe qu'hier – à supposer que nous l'ayons jamais été –, puisque nous savons que les traitements de texte gardent un œil vigilant sur notre travail et signalent les erreurs.

## Correction en temps réel

Le correcteur de PowerPoint n'attend pas que vous ayez terminé un document pour entrer en action. Il surveille tous vos faits et gestes orthographiques. Dès qu'il détecte une faute, il la souligne afin d'attirer votre attention, comme l'illustre la Figure 4.1.

Sur la Figure 4.1, le mot *ringuards,* entre autres, est souligné. Dès lors, trois options sont envisageables :

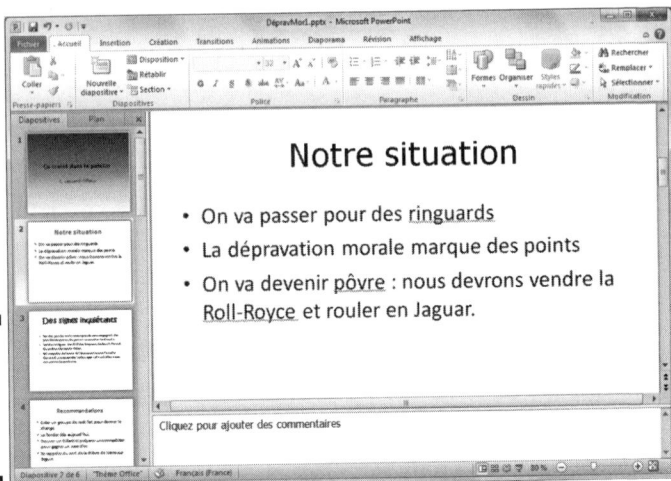

Figure 4.1 :
PowerPoint
repère les
fautes d'or-
thographe.

- ✔ **Corriger :** Retapez le mot directement dans la zone de texte.

- ✔ **Solliciter l'aide de PowerPoint :** Cliquez sur le mot avec le bouton droit de la souris. Dans le menu contextuel qui apparaît, sélectionnez la proposition la plus appropriée au mot à corriger. Si aucune ne correspond, corrigez-le manuellement.

- ✔ **Ignorer la faute de frappe :** Parfois les erreurs sont volontaires pour diverses raisons (nom propre, jeu de mots...). Par exemple, le vocabulaire des *Aventures pota-gères du Concombre masqué* ("le grand patatoseur", "l'in-tempestivité à bringuebaduler"...), de même que le nom de leur auteur, Mandryka, sont la hantise des correcteurs orthographiques.

## *Une correction après coup*

Les étapes suivantes montrent comment vérifier l'orthographe de toute une présentation :

1. **Ouvrez la présentation à vérifier, si ce n'est déjà fait.**

**2. Cliquez sur l'onglet Révision, dans le Ruban, puis, dans le groupe Vérification, cliquez sur le bouton Orthographe.**

**3. Tournez-vous les pouces en regardant les mouches au plafond.**

PowerPoint cherche les erreurs. Soyez patient !

**4. Ne vous formalisez pas si PowerPoint trouve une faute d'orthographe.**

Dès qu'une erreur est découverte, PowerPoint la signale en ouvrant la boîte de dialogue Orthographe. Le mot inconnu de PowerPoint s'affiche dans le champ Absent du dictionnaire et des suggestions sont proposées juste en dessous, comme le montre la Figure 4.2.

Figure 4.2 : PowerPoint vient de trouver une faute d'orthographe.

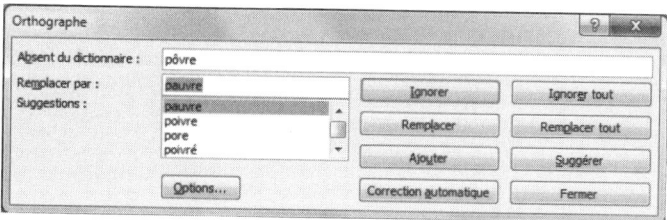

**5. Choisissez de corriger l'erreur, puis cliquez sur le bouton Remplacer. Ou alors, si ce n'est pas une erreur, snobez le correcteur orthographique en cliquant sur Ignorer.**

Si vous admettez que le mot est mal orthographié, recherchez dans la liste des propositions le mot qui convient, cliquez dessus puis cliquez sur Remplacer.

Si le mot est correct mais inconnu de PowerPoint et que vous ne souhaitez pas l'entrer dans son dictionnaire, cliquez sur Ignorer.

Pour que PowerPoint ignore toutes les occurrences du mot qui lui est inconnu, cliquez sur Ignorer tout. Désormais, si PowerPoint rencontre ce même terme dans la présentation, il ne s'y arrêtera plus. Cela ne vaut que pour la session de travail en cours.

6. **Répétez les étapes 4 et 5 jusqu'à ce que PowerPoint termine la vérification.**

   Un panneau contenant ce message indique la fin des opérations :

   > La vérification de l'orthographe est terminée.

PowerPoint commence toujours une vérification à partir de la première diapositive. Il analyse les titres, le texte courant, les notes et les objets textuels ajoutés aux diapositives. Il ne vérifie pas les objets incorporés, comme les représentations graphiques et les schémas.

Si PowerPoint ne propose aucune suggestion, c'est parce qu'il ne comprend pas ce que vous avez voulu écrire. PowerPoint ne connaît pas tous les mots existants. Il peut donc considérer comme une erreur un terme parfaitement orthographié, mais qui ne figure pas dans son dictionnaire. Dans ce cas, vous pouvez lui indiquer d'ignorer l'erreur ou ajouter le terme à son dictionnaire. Les boutons de la boîte de dialogue Orthographe sont assez évocateurs à ce sujet.

Pour ajouter un mot au dictionnaire de PowerPoint, cliquez sur Ajouter.

## Le dictionnaire des synonymes

Un mot vous échappe ? Vous répétez trop souvent le même terme ? Utilisez le dictionnaire des synonymes :

1. **Cliquez sur un mot avec le bouton droit de la souris. Dans le menu contextuel, choisissez Synonymes.**

   Un menu contextuel propose des mots apparentés. Parfois, PowerPoint propose un antonyme, c'est-à-dire un mot dont le sens est le contraire de celui que vous testez.

2. **Sélectionnez le terme adéquat.**

   PowerPoint effectue la substitution.

Si vous choisissez l'option Dictionnaire des synonymes, dans le menu contextuel, le volet Office l'affiche comme le montre la Figure 4.3. Le dictionnaire des synonymes permet d'aller plus

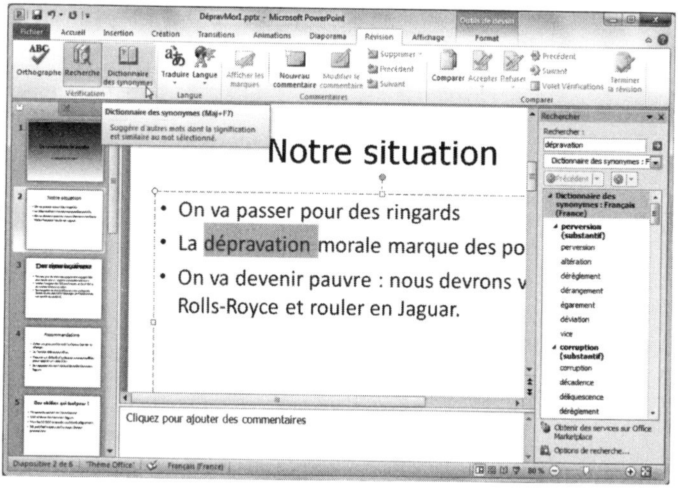

Figure 4.3 :
Le diction-
naire des
synonymes
apparaît
dans le volet
Rechercher,
à droite de la
diapositive.

loin dans une recherche. Par exemple, si vous cherchez l'équivalent d'un mot, PowerPoint affiche une liste de synonymes où
vous faites tranquillement votre choix. Si un terme se rapproche de ce que vous cherchez, cliquez dessus. PowerPoint
affiche ensuite des synonymes de ce mot apparenté.

## Du bon usage de la casse

PowerPoint dispose d'une fonction qui permet de placer correctement les majuscules dans le texte des diapositives. Voici
comment l'utiliser :

1. **Sélectionnez le texte à mettre en majuscules.**

2. **Sous l'onglet Accueil du Ruban, cliquez sur le bouton
   Modifier la casse, dans le groupe Polices.**

   Une liste de choix s'affiche.

3. **Etudiez les options proposées, puis cliquez sur celle qui
   répond à vos besoins.**

   Les options de casse sont :

   • **Majuscule en début de phrase :** La première lettre du
     premier mot de chaque phrase sera en majuscule.

- **minuscules :** Tous les mots sont écrits en minuscules.

- **MAJUSCULES :** Tous les caractères sont transcrits en majuscules.

- **1re lettre des mots en majuscule :** La première lettre de chaque mot est capitalisée. PowerPoint est assez intelligent pour laisser certains mots comme "à" et "le" en minuscules, mais je vous conseille de vérifier pour être certain qu'il n'a pas été fantaisiste dans son appréciation.

- **iNVERSER lA cASSE :** Cette option transforme les majuscules en minuscules et les minuscules en majuscules.

4. **Cliquez sur OK ou appuyez sur Entrée puis vérifiez le résultat.**

Vérifiez toujours le texte après une modification de casse pour être sûr que le résultat correspond à votre attente. Vérifiez attentivement les noms propres, dont la première lettre en majuscule ne doit pas avoir été convertie en minuscule.

Les titres auront presque toujours la première lettre de leurs mots en majuscule. Le premier niveau de puce d'une diapositive peut recevoir l'option 1re lettre des mots en majuscule ou l'option Majuscule en début de phrase.

Évitez autant que possible les majuscules. Un texte en capitales est pénible à lire et visuellement agressif. EST-CE CLAIR ?

## *La correction automatique*

PowerPoint dispose d'une fonction de correction automatique capable de vérifier l'orthographe en cours de frappe et de corriger immédiatement les erreurs. Par exemple, si vous saisissez *téh* à la place de *thé*, PowerPoint corrige immédiatement l'erreur. Et si vous oubliez de mettre en majuscule la première lettre du premier mot d'une phrase, PowerPoint se charge de le faire.

Si PowerPoint effectue une correction inappropriée, appuyez immédiatement sur Ctrl+Z.

Quand vous amenez le point d'insertion sur le mot qui vient d'être corrigé, une petite ligne apparaît sous la première lettre. Placez-y le pointeur de la souris, un bouton s'affiche. Cliquez sur ce bouton pour afficher un menu local dans lequel vous indiquerez à PowerPoint de ne plus effectuer la correction du mot. Si PowerPoint lui substitue un autre mot que celui désiré, choisissez, dans ce même menu, Contrôler les options de correction automatique. La boîte de dialogue Correction automatique apparaît. Configurez les remplacements nécessaires à vos habitudes linguistiques.

Pour paramétrer la correction automatique, cliquez sur l'onglet Fichier puis sur le bouton Options. Dans le volet de gauche, cliquez sur Vérification. Ensuite, en haut à droite, cliquez sur le bouton Options de correction automatique. Vous accédez ainsi aux options que montre la Figure 4.4.

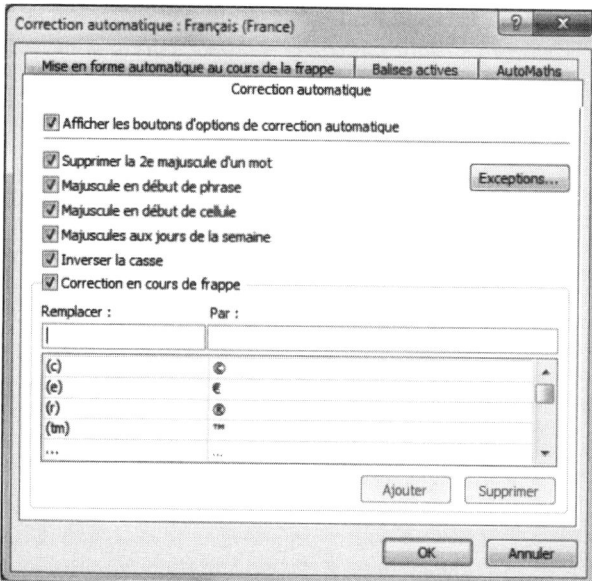

Figure 4.4 :
La boîte de
dialogue
Correction
automatique.

Comme vous le constatez, la boîte de dialogue Correction automatique contient des cases à cocher qui régissent le fonctionnement de la correction :

✔ **Afficher les boutons d'options de correction automatique :** Cette option affiche le bouton de correction automatique sous les mots corrigés automatiquement. Il permet d'annuler une modification ou de demander à PowerPoint de cesser tel ou tel type de correction.

✔ **Supprimer la 2e majuscule d'un mot :** Recherche les mots qui ont deux majuscules initiales, et transforme la seconde en minuscule. Par exemple, si vous saisissez *ENsemble*, PowerPoint corrige automatiquement en *Ensemble*. Cependant, si vous saisissez une troisième majuscule, PowerPoint suppose que c'est un acte volontaire et n'effectue aucune correction.

✔ **Majuscule en début de phrase :** Met automatiquement en majuscule la première lettre d'un mot commençant une phrase.

✔ **Majuscule en début de cellule :** Met automatiquement en majuscule la première lettre du premier mot d'une cellule d'un tableau.

✔ **Majuscule aux jours de la semaine :** Lundi, Mardi, Mercredi... il y en a sept comme ça.

✔ **Inverser la casse :** C'est une fonction très sympathique. Si PowerPoint remarque que vous capitalisez à l'envers de la normale, il suppose que vous avez appuyé accidentellement sur la touche de verrouillage des majuscules. Il déverrouille les majuscules et rétablit le bon ordre des choses.

✔ **Correction en cours de frappe :** Cette option est le cœur de la correction automatique. Elle consiste en une liste de mots fréquemment mal orthographiés. Si vous faites toujours la même faute au même mot, par exemple si vous écrivez systématiquement *vraiement* au lieu de *vraiment*, il suffit de saisir *vraiement* dans le champ Remplacer et *vraiment* dans le champ Par. Cliquez sur Ajouter. À partir de cet instant, PowerPoint remplacera ce mot sans que vous vous doutiez de rien. PowerPoint possède une liste de remplacements prédéfinis que vous pouvez enrichir des vôtres, et que vous pouvez également modifier.

Ajoutez à la liste tous les mots qui vous posent problème ! Mieux : pour accélérer votre saisie de texte, définissez des abréviations. Par exemple, je trouve que le mot "c'est-à-dire" est long à écrire. J'ai donc défini "c'est-à-dire" comme remplacement de "cad". Ainsi, dès que je tape "cad" et appuie sur la barre d'espace, PowerPoint écrit "c'est-à-dire" à ma place. J'en ai une bonne cinquantaine dans ce genre.

La fonction de correction automatique comporte plusieurs options de mise en forme qui appliquent automatiquement des changements en cours de frappe. Pour définir ces options, cliquez sur l'onglet Mise en forme automatique au cours de la frappe. Les options sont présentées Figure 4.5. Elles contrôlent la présentation d'éléments comme les guillemets, les fractions, les ordinaux et j'en passe.

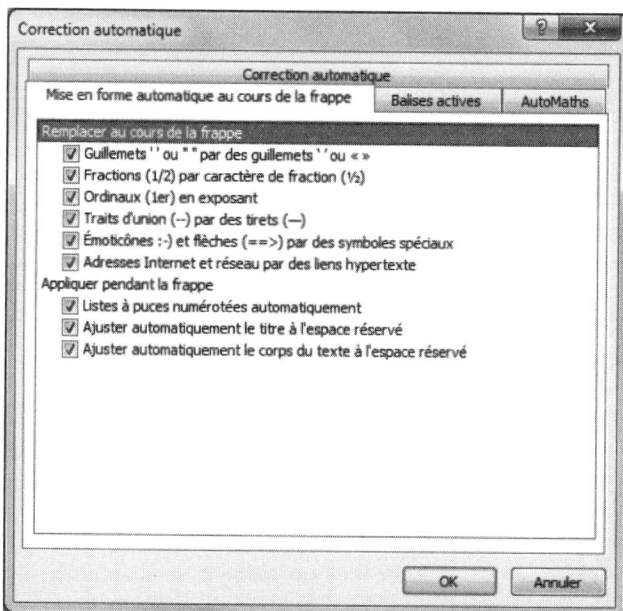

Figure 4.5 : Les options de la boîte de dialogue Mise en forme automatique au cours de la frappe.

# Chapitre 5

# N'oubliez
# pas vos notes !

· · · · · · · · · · · · · · · · · · · · · · · · · · · · · · · · · · ·

*Dans ce chapitre :*

▶ Placer des commentaires dans votre présentation.

▶ Agrandir la page des commentaires pour mieux lire son contenu.

▶ Ajouter une nouvelle diapositive en mode d'affichage des commentaires.

· · · · · · · · · · · · · · · · · · · · · · · · · · · · · · · · · · ·

*U*ne magnifique diapositive avec un beau texte, un diagramme évocateur, peut-être même des images époustouflantes se trouvent au début de votre présentation, mais vous ne savez plus pourquoi. Décontenancé, vous cherchez vos mots, ce qui augure mal de la suite de votre prestation. PowerPoint est heureusement capable d'afficher des commentaires qui vous aident à bien préparer une présentation et à ne jamais être pris au dépourvu.

## Comprendre la notion de "commentaire"

Les *commentaires* sont des notes liées à vos diapositives. Ils n'apparaissent pas pendant la diffusion du diaporama, car PowerPoint les affiche séparément. Chaque diapositive d'une présentation comporte sa propre page de notes.

En mode d'affichage Normal, les notes sont cachées en bas de l'écran dans un volet indépendant appelé Commentaires. Pour voir les notes en mode Normal, vous devez agrandir la zone de commentaires afin de disposer d'une place suffisante pour la saisie. Pour plus d'informations, consultez la section "Ajouter des commentaires à une diapositive", plus loin dans ce chapitre.

PowerPoint dispose d'un affichage spécial intitulé Pages de commentaires. Pour l'activer, cliquez sur l'onglet Affichage, dans le Ruban, puis, dans le groupe Affichages des présentations, cliquez sur le bouton Page de commentaires. La Figure 5.1 montre une diapositive affichée dans ce mode. Chaque page montre une version réduite de la diapositive surmontant une zone de commentaires.

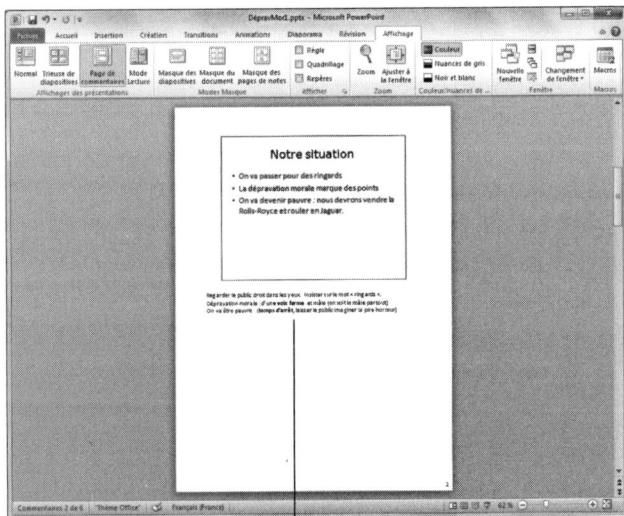

Figure 5.1 : L'affichage en mode Page de commentaires permet de voir vos notes personnelles.

Saisissez le commentaire dans cette zone

Bien sûr, ces notes sont trop petites pour les exploiter en mode Page de commentaires, sauf en augmentant le facteur de zoom.

Aucun raccourci clavier n'est hélas disponible pour basculer directement en mode Page de commentaires. Dans les versions précédentes de PowerPoint, il existait certes un bouton dans le coin inférieur gauche de la fenêtre, mais pour d'obscures raisons, Microsoft a jugé bon de le supprimer dans les versions

2007 et 2010. Vous devez donc impérativement cliquer sur le bouton Page de commentaires, dans le Ruban.

# Ajouter des commentaires à une diapositive

Voici comment ajouter des commentaires à une diapositive :

1. **En mode Normal, affichez la diapositive dans laquelle vous désirez ajouter des notes.**

2. **Cliquez et faites glisser la bordure du volet Commentaires pour mieux voir les notes.**

3. **Cliquez dans la zone de saisie où se trouve présentement la phrase Cliquez pour ajouter des commentaires.**

4. **Saisissez vos notes.**

Le texte que vous saisissez apparaît dans la zone de commentaires. Lorsque vous créez des notes, vous pouvez utiliser toutes les fonctions standard du traitement de texte de Power-Point comme Couper, Copier et Coller. Appuyez sur la touche Entrée pour créer un nouveau paragraphe.

La Figure 5.2 montre une diapositive dont la zone de saisie des commentaires a été largement agrandie. Quelques recommandations à l'intention du présentateur s'y trouvent.

# Ajouter une autre page de commentaires à une diapositive

PowerPoint ne dispose pas d'une fonction d'ajout de pages de commentaires à une diapositive. L'astuce suivante montre cependant comment y parvenir autrement :

1. **Créez une copie de la diapositive juste après celle exigeant deux pages de commentaires.**

   Pour dupliquer la diapositive, affichez-la en mode Normal et appuyez sur Ctrl+D.

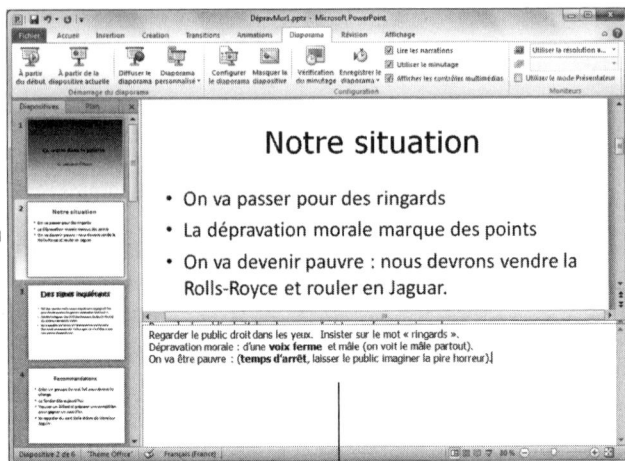

Figure 5.2 :
Une diapositive avec, dans la zone de commentaires, des notes concernant la présentation.

Zone de commentaires

2. **Sous l'onglet Affichage, dans le groupe Affichages des présentations, cliquez sur le bouton Page de commentaires.**

La page de commentaires de la duplication apparaît.

3. **Supprimez la diapositive qui se trouve au-dessus de la zone de commentaires.**

Cliquez sur la diapositive et appuyez sur la touche Suppr.

4. **Agrandissez la zone de commentaires afin qu'elle remplisse la page.**

Cliquez sur la zone de commentaires pour la sélectionner. Tirez vers le haut la poignée centrale de la bordure supérieure de la zone.

5. **Saisissez dans cette nouvelle page les notes destinées à la diapositive précédente.**

Ajoutez un en-tête comme "Suite de la diapositive 23", par exemple, en haut de la page pour vous souvenir que cette partie est bien la suite des notes liées à la précédente diapositive.

6. **Repassez en mode Normal.**

Cliquez sur le bouton Mode Normal, dans le groupe Affichages des présentations, sous l'onglet Affichage.

7. **Cliquez sur l'onglet Diaporama, dans le Ruban, et dans le groupe Configurer, choisissez Masquer la diapositive.**

Cette commande cache la diapositive, ce qui signifie qu'elle n'est pas affichée par le diaporama, donc qu'elle ne sera pas vue par votre auditoire.

Le résultat de cette astuce est que vous disposez à présent de deux pages de commentaires pour une seule diapositive. La seconde page n'a pas d'image de diapositive et n'est pas incluse dans le diaporama.

Si vous imprimez votre présentation sur des transparents, vous devez décocher l'option Imprimer les diapositives masquées, dans la boîte de dialogue Imprimer. Elles ne seront ainsi pas imprimées. Veillez à réactiver cette option quand vous souhaiterez imprimer les notes, sinon les commentaires ajoutés par cette technique ne seront pas imprimés. Car, si vous créez des commentaires, c'est bien pour les lire !

Réfléchissez à deux fois avant de créer une seconde page de commentaires. En effet, n'est-il pas plus judicieux de répartir le contenu de la diapositive dans deux diapositives pour clarifier votre exposé ?

# *Ajouter une nouvelle diapositive en mode Page de commentaires*

Si vous travaillez en mode Page de commentaires et réalisez qu'il est nécessaire d'ajouter une nouvelle diapositive, inutile de retourner en mode Normal : cliquez simplement sur le bouton Nouvelle diapositive dans le groupe Diapositives, sous l'onglet Accueil, ou appuyez sur Ctrl+M.

Pour modifier le contenu ou l'apparence des diapositives, vous devez revenir en mode Normal. Aucune intervention n'est en effet possible en mode Page de commentaires.

# Imprimer des pages de commentaires

Si votre ordinateur ne permet pas de projeter les diapositives sur un écran, vous utiliserez un autre moniteur ou imprimerez vos commentaires sur papier afin de les avoir sous les yeux pendant votre prestation. Voici comment procéder :

1. **Cliquez sur l'onglet Fichier puis sur la commande Imprimer.**

   La boîte de dialogue Imprimer apparaît.

2. **Dans la liste Imprimer, choisissez Pages de commentaires.**

3. **Vérifiez que l'option Imprimer les diapositives masquées est cochée.**

   Cette option est en grisé si la présentation ne comporte aucune diapositive cachée.

4. **Cliquez sur OK ou appuyez sur la touche Entrée.**

Consultez le Chapitre 6 pour en savoir plus sur l'impression.

# Chapitre 6

# Que le spectacle commence !

C e chapitre commence par montrer comment terminer les préparatifs en imprimant des exemplaires des diapositives, des commentaires et des documents. Il se poursuit par l'installation d'un projecteur puis l'affichage ou la projection de votre présentation.

## Imprimer rapidement

Le moyen le plus direct pour imprimer une présentation consiste à cliquer sur le bouton Impression rapide, dans la barre d'outils Accès rapide, en haut à gauche de PowerPoint. S'il ne s'y trouve pas, cliquez sur la petite flèche à droite de la barre puis, dans la liste, cliquez sur l'option Impression rapide.

## Imprimer depuis le Backstage

Le contrôle précis de l'impression s'effectue à partir du Backstage, en configurant le panneau Imprimer que montre la

Figure 6.1 Vous y accédez en cliquant sur Fichier/Imprimer ou en appuyant sur les touches Ctrl+P.

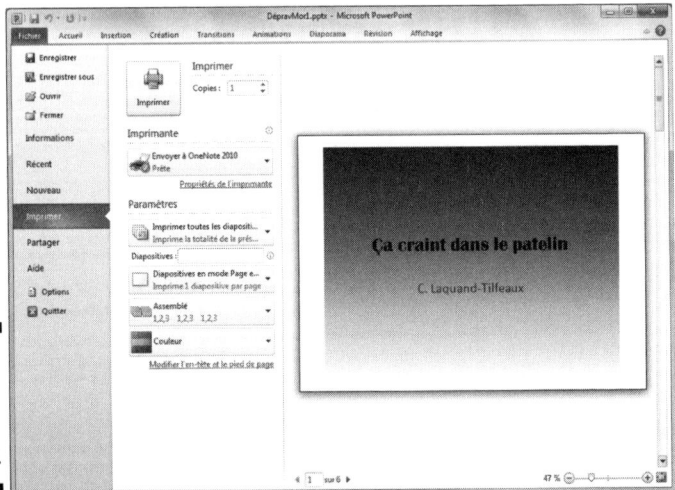

Figure 6.1 :
Le panneau
Imprimer se
trouve dans
le Backstage.

Cliquez ensuite sur le grand bouton Imprimer, ou appuyez sur la touche Entrée, pour démarrer l'impression de toutes les diapositives de la présentation. La commande Copies permet d'imprimer plusieurs exemplaires du jeu de diapositives, tandis que les options de la rubrique Paramètres permettent de limiter l'impression à certaines diapositives, d'imprimer des documents destinés au public, ou seulement les commentaires, ou le plan. Nous y reviendrons en détail dans les sections qui suivent.

## Imprimer plusieurs exemplaires

Le champ Copies, en haut du panneau Imprimer, permet d'obtenir plusieurs exemplaires sur papier de votre présentation. Cliquez sur l'une des flèches à droite du champ pour augmenter ou diminuer le nombre d'exemplaires. Le nombre peut être saisi directement dans le champ.

# Changer d'imprimante

Peut-être faites-vous partie de ces nantis qui possèdent plusieurs imprimantes ? Vous devez dans ce cas en sélectionner une dans le champ Nom de la section Imprimante. Chaque imprimante doit être connectée à l'ordinateur et allumée. Si vous êtes en délicatesse avec votre imprimante et sa connexion, lisez *Windows Vista pour les Nuls* ou *Windows 7 pour les Nuls*.

# Imprimer des parties d'une présentation

À la rubrique Paramètres, le menu Imprimer toutes les diapositives permet de choisir la partie de la présentation à imprimer. Par défaut, la totalité de la présentation est imprimée. Mais si seules certaines diapositives doivent l'être, choisissez parmi l'une de ces options :

✓ **Imprimer la sélection :** Imprime la partie de la présentation que vous avez préalablement sélectionnée. Commencez par sélectionner les diapositives à imprimer. Choisissez ensuite la commande Imprimer, puis l'option Imprimer la sélection, et cliquez sur OK. (Si aucune diapositive n'est sélectionnée cette option est indisponible.)

✓ **Imprimer la diapositive active :** Imprime la diapositive actuellement affichée dans PowerPoint. Avant d'appeler cette commande d'impression, vérifiez que la diapositive à imprimer est bien visible dans PowerPoint. Cliquez ensuite sur OK. Cette option est commode lorsque vous avez modifié une ou deux diapositives dans une présentation qui a déjà été entièrement imprimée.

✓ **Plage personnalisée :** Permet de définir les diapositives à imprimer en indiquant leur numéro (NdT : L'infobulle qui apparaît lorsque le pointeur de la souris est immobilisé sur le champ de saisie des numéros indique la syntaxe à appliquer pour définir les diapositives isolées ou les plages de diapositives à imprimer).

✓ **Diaporamas personnalisés :** Si vous avez défini un ou plusieurs diaporamas, cette commande vous permettra de sélectionner celui que vous désirez imprimer.

Ce n'est pas tout. La rubrique Paramètres contient quelques autres commandes :

✔ **Diapositives en mode Page entière :** Cette option sert à configurer le nombre de diapositives par page. La palette permet aussi de choisir l'impression des commentaires ou du plan, au lieu des diapositives.

✔ **Assemblé :** Cette option sert à choisir comment une liasse de diapositives doit être imprimée lorsque vous désirez en obtenir plusieurs exemplaires. Par exemple, si la présentation compte dix diapositives à imprimer en trois exemplaires chacune et que le mode Assemblé est actif, PowerPoint imprimera d'abord un jeu complet (diapositives de 1 à 10) puis un second jeu et enfin un troisième jeu. En revanche, si l'option Non assemblé a été choisie, PowerPoint imprime d'abord trois exemplaires de la première diapositive, puis trois exemplaires de la deuxième diapositive, et ainsi de suite.

✔ **Couleur :** Vous avez le choix entre l'impression en couleur, l'impression en nuances de gris (l'équivalent du noir et blanc photographique) ou le noir et blanc intégral, sans aucun gris intermédiaire (c'est ce que les graphistes et les imprimeurs appellent "au trait", par analogie au dessin à l'encre de Chine).

## L'aperçu avant impression

Dans le Backstage, le panneau Imprimer comprend un aperçu permettant de vérifier l'aspect des pages avant de démarrer l'impression.

Utilisez la glissière de zoom, en bas à droite du Backstage, pour examiner un détail d'une diapositive. Parcourez les pages en actionnant la barre de défilement à droite, ou avec les touches Page Haut et Page Bas.

# Démarrer un diaporama

Les fonctions d'impression sont appréciables, mais PowerPoint a surtout été conçu pour produire des diapositives qui seront

présentées sur un écran plutôt qu'imprimées sur du papier.
L'écran peut être celui de votre ordinateur, un vidéoprojecteur
ou un écran géant à plasma ou à cristaux liquides.

Pour montrer une présentation à une seule personne ou à un
petit groupe réuni autour de l'ordinateur, le démarrage du
diaporama se fait d'un seul clic sur le bouton Diaporama. Il se
trouve, ainsi que d'autres boutons d'affichage, en bas à droite
de PowerPoint. Si vous avez configuré l'affichage en plein
écran, la présentation occupe tout l'espace disponible. Pour
passer à la diapositive suivante, cliquez ou appuyez sur Entrée,
ou sur la touche Flèche Bas, Page Bas ou encore F5.

Si PowerPoint a été configuré pour utiliser deux moniteurs,
le diaporama apparaît sur le second. L'écran principal affiche
la présentation en mode Normal, accompagnée des commentaires à l'intention du présentateur.

## Configurer le diaporama

En règle générale, la configuration par défaut du diaporama est
adéquate. Mais parfois, elle doit être modifiée. À cette fin, ouvrez la présentation à configurer puis, sur le Ruban, cliquez sur
l'onglet Diaporama et, dans le groupe Configuration, choisissez
Configurer le diaporama. La boîte de dialogue de la Figure 6.2
apparaît, dans laquelle vous réglez les divers paramètres de la
présentation.

Les options de la boîte de dialogue Paramètres du diaporama
permettent d'effectuer ce qui suit :

✔ **La présentation :** Vous choisirez l'option appropriée
  selon que le diaporama est Présenté par un présentateur
  (plein écran), Visionné par une personne (fenêtre) ou
  Visionné sur une borne (plein écran).

✔ **L'exécution en boucle :** Cochez cette case afin que le
  diaporama s'exécute en continu. Arrivé à la dernière diapositive, il reprend à la première, et cela jusqu'à ce que
  quelqu'un appuie sur la touche Échap.

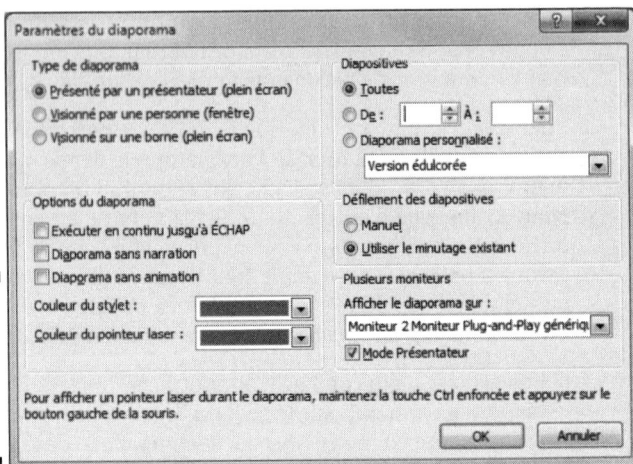

Figure 6.2 :
La boîte de
dialogue
servant à
configurer le
diaporama.

✔ **La simplification de la présentation :** Décochez à cette
fin la case Diaporama sans narration ainsi que la case
Diaporama sans animation.

✔ **Sélectionner la couleur du stylet et du pointeur laser :**
Le stylet permet d'écrire ou de dessiner à même la diapositive.

✔ **Choisir les diapositives à montrer :** Dans la rubrique
Diapositives, choisissez Toutes pour présenter la totalité
des diapositives de la présentation, ou indiquez dans les
champs De et À la plage de diapositives à inclure.

✔ **Diaporama personnalisé :** Activez ce bouton d'option
pour choisir un diaporama personnalisé que vous avez
confectionné.

✔ **Choisir de passer manuellement d'une diapositive à
une autre :** À la rubrique Défilement des diapositives,
sélectionnez l'option Manuel pour avancer à la diapositive suivante en appuyant sur la touche Entrée ou sur la
barre d'espace, ou en cliquant. Pour que les diapositives
défilent automatiquement, choisissez Utiliser le minutage
existant.

✔ **Sélectionner un moniteur :** Si votre ordinateur est relié
à deux moniteurs, choisissez l'écran sur lequel le diapo-

rama doit apparaître en le sélectionnant dans le menu Afficher le diaporama sur. Cochez la case Mode Présentateur si vous le désirez.

# Le clavier et la souris au service du diaporama

Au cours du diaporama, vous pouvez contrôler la présentation à l'aide du clavier et de la souris. Les Tableaux 6.1 et 6.2 répertorient les touches et les clics à mettre en œuvre.

**Tableau 6.1 : Le clavier au service du diaporama.**

| Fonction | Mise en œuvre |
| --- | --- |
| Afficher la diapositive suivante | Entrée, barre d'espace, Page Bas ou S |
| Afficher la diapositive précédente | Retour arrière, Page Haut ou P |
| Afficher la première diapositive | Origine |
| Afficher une diapositive spécifique | Numéro de la diapositive+Entrée (pavé numérique) |
| Basculer vers un écran noir | N ou . (point) |
| Basculer vers un écran blanc | B ou , (virgule) |
| Afficher ou masquer le pointeur | F ou = |
| Effacer le dessin à l'écran | E |
| Afficher la diapositive suivante même si elle est masquée | M |
| Afficher une diapositive masquée | Numéro de la diapositive masquée+Entrée (pavé numérique) |
| Transformer le pointeur en stylet | Ctrl+P |
| Transformer le stylet en pointeur | Ctrl+A |
| Arrêter le diaporama | Echap, Ctrl+Pause, - ("moins" du pavé numérique) |

**Tableau 6.2 : La souris au service du diaporama.**

| Fonction | Mise en œuvre |
|---|---|
| Afficher la diapositive suivante | Cliquer |
| Parcourir les diapositives | Actionner la molette (si la souris en a une) |
| Afficher le menu des actions | Cliquer du bouton droit |
| Afficher la première diapositive | Maintenir les deux boutons de la souris enfoncés jusqu'à l'apparition de la diapositive 1 |
| Dessiner | Appuyez sur Ctrl+P pour transformer le pointeur en stylet et dessiner |

Si le pointeur de la souris est masqué, bougez votre périphérique de pointage (votre souris, quoi !). Dès que le pointeur redevient visible, un menu apparaît dans le coin inférieur gauche de la diapositive. Il permet d'activer diverses options d'affichage des diapositives.

# Annoter les diapositives

Si vous éprouvez comme un brin de nostalgie pour le feutre qui vous permettait de gribouiller les grandes feuilles de papier sur le chevalet d'antan (celui qui s'empoussière dans le cagibi à côté de la machine à café), sachez que PowerPoint vous permet d'exercer vos talents d'artiste, ou tout au moins de souligner, flécher, entourer et barrer tout ce que vous voulez, grâce à la fonction d'annotations manuscrites. Voici comment :

1. **Démarrez un diaporama.**

2. **Dès que l'envie de gribouiller vous prend, appuyez sur Ctrl+P.**

   Le curseur devient un point dont le diamètre correspond à l'épaisseur du trait.

3. **Dessinez, tracez, gribouillez avec la souris.**

   La Figure 6.3 montre une diapositive ayant reçu des annotations manuscrites.

# Des chiffres qui font peur !

- 76 canards colvert en file indienne.
- 110 chèvres de Monsieur Seguin.
- Plus de (10 000 crapauds) sautillants allègrement.
- 23 ~~poly~~techniciens sortis major de leur promotion.

Figure 6.3 :
Une diaposi-
tive joliment
annotée.

**4. Pour effacer l'ensemble des annotations, appuyez sur la touche E.**

**5. Pour cesser d'annoter appuyez sur Echap.**

Dessiner d'une manière précise exige une parfaite maîtrise de la souris (c'est un tout petit peu plus facile avec le stylet d'une tablette graphique). Avec un peu d'expérience, vous serez capable de tracer des annotations à peu près présentables. Voici quelques conseils :

✔ **Masquez temporairement le pointeur de la souris :** Appuyez sur Ctrl+M puis sur le signe = (égal). Procédez de même – ou appuyez sur la touche A – pour faire réapparaître le pointeur.

✔ **Renforcez votre propos par des interjections :** "Et hop !", "Voilà !", "Bof..."

✔ **Changez le type et la couleur du stylet :** Pour choisir une autre couleur, cliquez sur la très diaphane icône en forme de stylo, en bas à gauche du diaporama. Quatre options sont proposées : la Flèche (pas de stylet), le Stylet pointe bille, le Stylet feutre et le Surligneur. Ce dernier trace un

> épais trait translucide, à la manière des surligneurs à pointe en feutre.

**TRUC**

Vous pouvez également appuyer sur le bouton droit de la souris pour accéder à un menu contextuel qui propose diverses commandes. Il risque cependant d'interrompre le diaporama pendant que vous choisissez une commande. Ce menu permet de changer la couleur du stylet et quelques autres fantaisies. Vous pouvez définir la couleur du stylet avant de lancer le diaporama. Il suffit de cliquer sur Configurer le diaporama, dans le groupe Configurer sous l'onglet Diaporama. Si vous avez une souris télécommandée et désirez accéder au clavier pendant la présentation, il est préférable d'utiliser le menu contextuel.

La présentation terminée, PowerPoint demande si vous désirez enregistrer vos annotations ou non. Si vous acceptez, vous ne serez plus obligé de les dessiner laborieusement la prochaine fois

## Le pointeur laser

Le pointeur laser affiche un cercle rouge lumineux sur la diapositive, que vous pouvez déplacer avec la souris. Il ne vaut pas un véritable pointeur laser, mais si vous n'en avez pas un sous la main, celui-ci sera bien pratique.

Pour l'utiliser, maintenez la touche Ctrl enfoncée puis cliquez continûment du bouton gauche. Déplacez-le ensuite.

Dès que vous relâchez le bouton de la souris, le pointeur laser disparaît.

## Vérifier le minutage du diaporama

Les fonctions de minutage de PowerPoint servent à évaluer la durée d'une présentation. Vous pouvez aussi définir une durée totale qui régira la temporisation de l'affichage des diapositives.

Pour temporiser une présentation, cliquez sur l'onglet Diaporama et, dans le groupe Configurer, cliquez sur Vérification du minutage. Le petit chronomètre que montre la Figure 6.4 est affiché.

Figure 6.4 :
Le chrono-
mètre du
diaporama.

Minutez votre présentation. Cliquez ou utilisez les raccourcis clavier pour passer d'une diapositive à l'autre. PowerPoint enregistre le temps d'affichage de la diapositive affichée (à gauche), ainsi que la durée totale écoulée depuis le début de la présentation (à droite).

Après la dernière diapositive, une boîte de dialogue permet de valider le minutage du diaporama. S'il vous convient, cliquez sur Oui.

Si un minutage s'avère complètement inexploitable, cliquez sur le bouton Répéter. Il sera relancé depuis le début de la présentation.

# Chapitre 7
# À l'aide !

*P*owerPoint est doté d'une fonction d'aide susceptible de répondre à vos questions.

## Plusieurs moyens d'obtenir de l'aide

Comme dans toutes les applications d'Office, PowerPoint propose plusieurs manières d'accéder à l'aide. Le plus simple serait d'envoyer un SOS avec la souris, mais il faut connaître le morse (sans jeu de mots, car cétacé, phoque ça cesse. Otarie). Autrement, vous disposez des options suivantes :

▶ Appuyez sur la touche F1 ou sur le bouton Aide ; c'est celui avec un point d'interrogation, en haut à droite du Ruban. Cette action active le système d'aide de Power-Point que montre la Figure 7.1.

▶ Quand une boîte de dialogue est affichée, cliquez sur le bouton orné d'un point d'interrogation, en haut à droite, pour obtenir une aide spécifique à cette boîte.

▶ Quand vous immobilisez le pointeur de la souris sur un élément du Ruban, une infobulle explique sa fonction. Bon nombre d'entre elles comportent une option intitu-

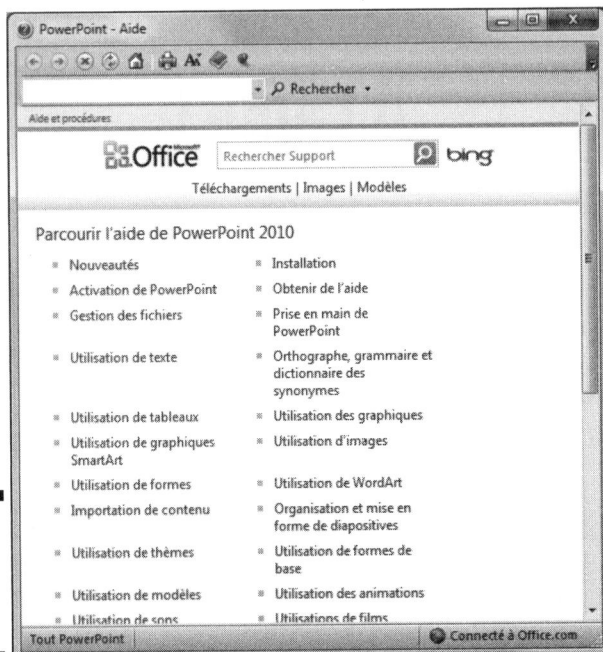

Figure 7.1 :
Toute l'aide
sur Power-
Point se
trouve là.

lée Appuyez sur F1 pour obtenir de l'aide. Cette action
affiche une aide spécifique.

## Vous en sortir dans l'Aide

La boîte de dialogue Aide (voir Figure 7.1) propose divers
moyens d'accéder à l'aide que vous recherchez :

✔ **Les liens de la fenêtre d'aide :** Cliquez sur n'importe
lequel des liens de la fenêtre principale pour accéder à un
sujet particulier. Par exemple, si vous cliquez sur le lien
Nouveautés, vous découvrirez les fonctionnalités propres
à PowerPoint 2010.

✔ **Le bouton Afficher la table des matières :** Cliquez sur ce
bouton pour afficher la table des matières de l'aide. Vous
bénéficierez ainsi d'un accès plus structuré aux divers
sujets abordés. Cliquer de nouveau sur le bouton – qui
ressemble à un livre ouvert lorsque la table des matières

est affichée – fait disparaître le volet de la table des matières.

✔ **La fonction Rechercher :** Si vous ne trouvez pas votre bonheur, tapez un mot ou une phrase dans le champ Rechercher – en haut au milieu de la fenêtre Aide –, puis cliquez sur le bouton en forme de loupe. Le moteur de recherche Bing renverra des résultats se rapportant au mot ou à la phrase que vous avez tapés.

✔ **Le bouton Maintenir sur le dessus :** Normalement, la fenêtre de l'Aide est toujours affichée par-dessus toutes les autres. Mais bien souvent elle masque partiellement PowerPoint, empêchant d'y travailler. Pour éviter que la fenêtre d'aide soit toujours au premier plan, cliquez sur le bouton en forme de punaise ; l'aide restera ainsi toujours à l'arrière-plan.

✔ **Le bouton Précédent :** Il permet de reculer au panneau précédent lors de vos pérégrinations au sein de l'aide.

✔ **Le bouton Accueil :** Il ramène à la première page de l'aide.

# Deuxième partie

# De superbes diapositives

"Apparemment, la transition Dissoudre de ma présentation est mal configurée..."

## Dans cette partie...

Les chapitres qui composent cette partie visent tous à rendre vos diapositives plus attrayantes. Vous y apprendrez à affiner un texte et à le rendre plus lisible grâce à une mise en forme soignée. Puis nous passerons à d'autres embellissements comme l'utilisation des thèmes et des couleurs, l'ajout d'animations, et le recours à des masques de diapositives et à des modèles.

# Chapitre 8

# Polices et mise en forme du texte

*U*ne bonne présentation doit être comme un feu d'artifice : le public doit s'émerveiller à chaque nouvelle diapositive ("oh la belle bleue !"). Mais cet émerveillement ne doit pas se faire au détriment de la lisibilité. Ce chapitre vous montre comment éblouir votre auditoire par une belle mise en page.

## Modifier l'apparence du texte

L'effet d'une présentation tient pour une grande part à son aspect. Vous le modifierez un peu ou complètement selon le but visé et votre public.

L'apparence des polices typographiques se règle dans le groupe Police (rien à voir avec un célèbre groupe de la fin des années 1970), sous l'onglet Accueil du Ruban, comme le montre la Figure 8.1.

Figure 8.1 :
Le groupe
Police, sous
l'onglet
Accueil du
Ruban.

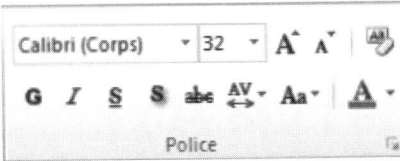

Si vous désirez des options supplémentaires, ouvrez la boîte de dialogue Police (Figure 8.2). Pour ce faire, cliquez sur le lanceur de la boîte de dialogue, c'est-à-dire le tout petit bouton dans le coin inférieur droit du groupe Police.

Figure 8.2 :
Ces com-
mandes s'ap-
pliquent aux
caractères
typogra-
phiques.

Plusieurs options de mise en forme ont des raccourcis clavier ; ils sont répertoriés dans le Tableau 8.1.

Vous n'êtes pas obligé d'apprendre tous ces raccourcis par cœur. Les plus usités sont Gras, Italique, Souligné et l'efface-ment de la mise en forme. Vous les mémoriserez facilement à l'usage, en les utilisant d'abord sporadiquement, puis de plus en plus souvent.

**Tableau 8.1 : Raccourcis de mise en forme typographique.**

| Bouton | Raccourci clavier | Mise en forme |
|---|---|---|
| Garamond | (aucun) | Police |
| 28 | (aucun) | Taille |
| A⬆ | Ctrl+Maj+K | Augmente la taille de la police |
| A⬇ | Ctrl+Maj+H | Diminue la taille de la police |
| | Ctrl+Espace | Efface toutes les mises en page |
| G | Ctrl+G | Gras |
| I | Ctrl+I | Italique |
| S | Ctrl+U | Souligné |
| abc | (aucun) | Barré |
| S | (aucun) | Texte ombré |
| AV | (aucun) | Espacement des caractères |
| Aa | Maj+F3 | Modification de la casse |
| A | (aucun) | Couleur de la police |

## Deux moyens d'appliquer une mise en forme

La mise en forme d'un texte peut être appliquée de deux manières :

✔ **Si le texte existe déjà,** sélectionnez-le puis cliquez sur le ou les boutons appropriés, ou utilisez les raccourcis clavier. Par exemple, pour souligner du texte, sélectionnez-le et appuyez sur Ctrl+U.

✔ **Pour saisir du texte avec une mise en forme,** cliquez d'abord sur un bouton, ou tapez le raccourci clavier, puis tapez le texte. Ce dernier apparaît avec la mise en forme choisie. Pour revenir à une frappe normale, appuyez sur Ctrl+Espace.

NdT : Une palette d'outils de mise en forme ainsi que plusieurs options de mise en page sont affichées en cliquant du bouton droit dans du texte, qu'il soit sélectionné ou non.

## Modifier la taille des caractères

Si le texte est difficile à lire ou si vous désirez attirer l'attention, vous pouvez grossir un mot par rapport au reste du texte. Le plus simple pour modifier la taille de la police consiste à sélectionner une taille prédéfinie dans la liste de la barre d'outils Mise en forme.

Pour augmenter ou diminuer rapidement la taille d'un texte, sélectionnez-le ou placez-y le point d'insertion. Appuyez sur Ctrl+Maj+K pour augmenter sa taille et sur Ctrl+Maj+H pour la diminuer.

Si vous saisissez plus de texte que l'espace réservé peut en contenir, PowerPoint réduit automatiquement la taille des caractères afin que votre prose tienne dedans.

## Les polices de caractères

Il est très facile de choisir une autre police et de changer ainsi l'aspect d'un texte. Le moyen le plus rapide de changer de police est de la sélectionner dans le groupe Police, sous l'onglet Accueil. Ou alors, si vous êtes allergique au poil de souris, appuyez sur Ctrl+Maj+F, puis sur Tab, et enfin sur une touche fléchée Bas ou Haut pour sélectionner une police dans la liste.

Voici quelques considérations supplémentaires sur les polices :

✔ Bien que vous puissiez sélectionner une police depuis la boîte de dialogue du même nom, la commande Police présente sur le Ruban offre un énorme avantage : le nom de chaque police est affiché tel que la police apparaîtra, ce qui facilite considérablement le choix. En revanche, dans la boîte de dialogue Police, les polices sont simplement répertoriées dans la police standard de Windows.

✔ Pour modifier les polices de toutes les diapositives de votre présentation, basculez en mode Masque des diapositives (nous y reviendrons au Chapitre 11).

✔ PowerPoint place automatiquement en haut de la liste les polices les plus utilisées dans votre présentation. Vous pouvez ainsi facilement les appliquer sans les rechercher par ordre alphabétique, une tâche parfois fastidieuse.

✔ N'abusez pas des polices ! Ce n'est pas parce que vous en possédez des dizaines, voire des centaines, qu'il faut en faire étalage. Efforcez-vous de vous en tenir à un maximum de deux ou trois polices par diapositive, et n'en changez pas trop souvent au cours de la présentation. En matière de typographie, la lisibilité et la force d'un texte découlent de la parcimonie.

✔ Si vous utilisez systématiquement une même police pour vos présentations, le meilleur moyen consiste à la définir dans un thème de présentation. Nous y reviendrons au Chapitre 9.

## Mettre du texte en couleur

La couleur est un excellent moyen d'attirer l'attention sur un texte. Pour ce faire, sélectionnez-le puis cliquez sur le bouton Couleur de police. Choisissez ensuite la nouvelle couleur à appliquer dans la palette qui apparaît.

Si vous n'aimez pas les couleurs que propose la palette Couleur de police, cliquez sur Autres couleurs. Une boîte de dialogue s'ouvre. Choisissez une couleur ou définissez-en une en cliquant sur l'onglet Personnalisées. Reportez-vous au Chapitre 10 pour en savoir plus sur les couleurs.

Pour modifier la couleur du texte d'une présentation entière, effectuez cette modification sur le Masque de diapositives. Vous obtiendrez plus de détails au Chapitre 11. Reportez-vous aussi au Chapitre 9 pour savoir comment modifier les couleurs au travers d'un thème.

## Du texte ombré

Ajouter une ombre à des caractères permet de détacher le texte de l'arrière-plan, ce qui facilite souvent la lecture. C'est pourquoi de nombreux modèles PowerPoint y ont recours.

Une ombre peut être appliquée à n'importe quel type de texte. Sélectionnez-le texte, puis cliquez sur le bouton Ombre du texte, dans le groupe Police sous l'onglet Accueil. Si tous les textes de toutes les diapositives doivent être ombrés, vous aurez intérêt à utiliser un masque de diapositive. Cette fonctionnalité est décrite au Chapitre 11.

# La mise en forme en long, en large et en travers

Le groupe Paragraphe, sous l'onglet Accueil du Ruban (voir Figure 8.3), contient des commandes s'appliquant à des paragraphes entiers. Elles sont décrites dans les sections qui suivent.

Figure 8.3 :
Le groupe
Paragraphe,
sous l'onglet
Accueil du
Ruban.

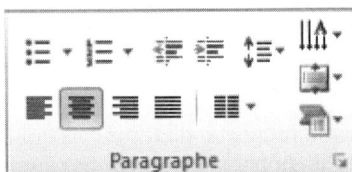

## Les listes à puces

Dans la plupart des présentations, les paragraphes sont précédés d'un petit pictogramme appelé "puce", en jargon typographique. Autrefois, vous deviez les ajouter vous-même. Aujourd'hui, les puces apparaissent automatiquement (c'est votre chien qui va être content !)

PowerPoint permet de créer des puces spéciales basées sur des images, au lieu de simples points, carrés ou coches. Avant de vous lancer dans la création infernale de ces puces à image, apprenez les bases de l'utilisation de ces petites bestioles.

Pour placer des puces en regard d'un ou de plusieurs paragraphes :

1. **Sélectionnez les paragraphes devant recevoir des puces.**

   Pour ajouter des puces à un seul paragraphe, il est inutile de le sélectionner. Placez simplement le point d'insertion dedans.

2. **Cliquez sur le bouton Puces, dans le groupe Paragraphe, sous l'onglet Accueil.**

   PowerPoint place une puce devant chaque paragraphe sélectionné.

Le bouton Puces est une commande dite *à bascule :* vous cliquez dessus pour ajouter des puces et cliquez de nouveau dessus pour les ôter (voilà qui ferait le bonheur de votre chien, qui n'aurait plus à se gratter).

Si vous tenez à faire preuve d'originalité, vous pouvez choisir des puces différentes de celles proposées par PowerPoint. Confectionnez-en à partir d'un caractère typographique, d'un clipart, d'une photo, voire d'une animation.

Si aucune des puces de la liste ne vous plaît – elles sont laides comme des poux –, ouvrez la boîte de dialogue Puces et numéros. Pour ce faire, cliquez sur le bouton fléché à droite du bouton Puces et, tout en bas, cliquez sur Puces et numéros. La boîte de dialogue de la Figure 8.4 s'ouvre.

Voici quelques conseils concernant l'utilisation des puces (ce qui n'en fera pas des puces savantes) :

✔ **Personnalisez la forme de la puce :** Plusieurs types de puces sont proposés. Si aucun ne vous convient, cliquez sur le bouton Personnalisé, en bas à droite de la boîte de dialogue. Vous ouvrez ainsi une autre boîte de dialogue montrant d'autres caractères spéciaux susceptibles d'être utilisés comme puces. Choisissez celui qui vous

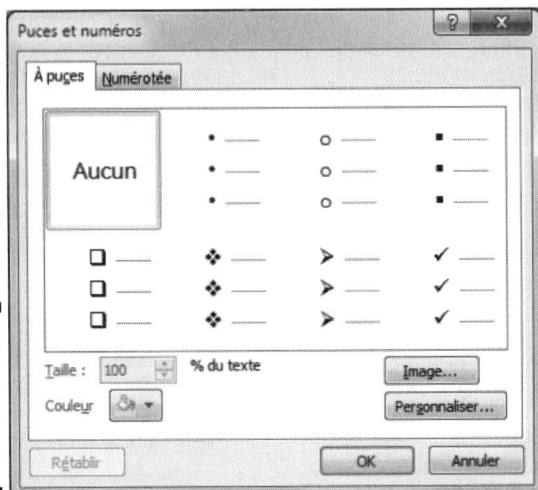

Figure 8.4 :
La boîte à
puces de
PowerPoint,
où elles font
leur numéro.

plaît et cliquez sur OK. Ou alors choisissez une autre typographie dans la liste déroulante Police.

✔ **Modifiez la taille de la puce :** Si les puces sont trop petites – de vraies larves… –, augmentez leur taille dans le champ prévu à cet effet de la boîte de dialogue Puces et numéros. Cette taille est spécifiée en pourcentage de la taille du texte.

✔ **Modifiez la couleur :** Choisissez-la dans la liste Couleur. Sélectionnez une teinte prédéfinie ou personnalisez-la en cliquant sur Autres couleurs ; la boîte de dialogue qui apparaît permet de sélectionner n'importe laquelle des 16 777 216 couleurs qu'offrent la plupart des écrans d'ordinateur. Pour plus d'informations sur l'utilisation de la boîte de dialogue Couleurs, consultez le Chapitre 9.

✔ **Utilisez une image :** Pour utiliser une image (logo, pictogramme…) comme puce, cliquez sur le bouton Image. Vous accédez à la boîte de dialogue de la Figure 8.5. Choisissez l'image à utiliser comme puce, puis cliquez sur OK. (Vous pouvez aussi cliquer sur le bouton Importer afin d'utiliser vos propres images ou photos comme puces.)

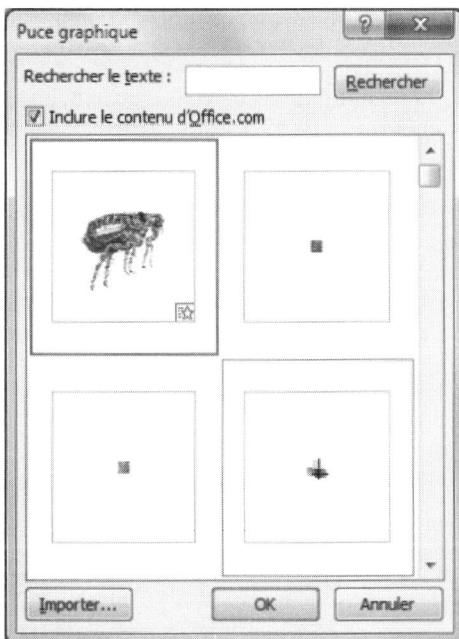

Figure 8.5 :
Une puce ty-
pographique
plus vraie
que nature.

Soyez créatif, mais prudent. Une puce montrant un vampire utilisée en entreprise risque de froisser quelques susceptibilités en haut lieu, car qui de Dracula, de la puce ou de votre employeur ne suce pas le sang ? En revanche, il est souvent judicieux d'utiliser le logo de votre entreprise comme puces d'une liste présentant des produits ou des services, afin de les mettre en valeur. NdT : C'est "Vlad l'employeur", votre patron, qui sera content.

## Créer des listes numérotées

Vous pouvez numéroter les listes dans vos présentations. Cliquez simplement sur le bouton Numérotation, dans le groupe Paragraphe, sous l'onglet Accueil.

Pour modifier la mise en forme d'un chiffre, cliquez sur le bouton fléché à droite du bouton Numérotation, afin d'accéder à différents styles de numérotation. Choisissez ensuite celui qui vous plaît.

Si aucune des numérotations ne vous convient, choisissez Puces et numéros afin d'ouvrir la boîte de dialogue de la Figure 8.6.

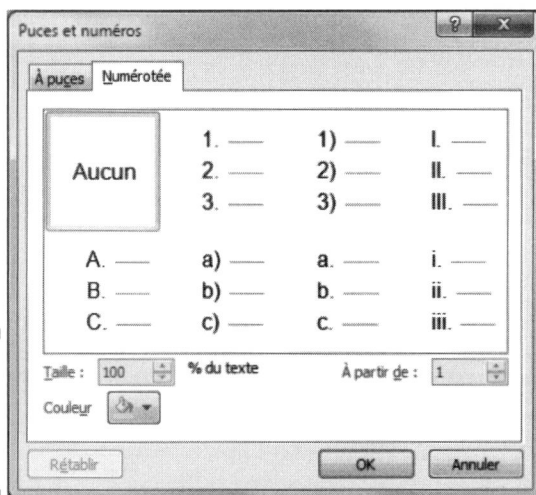

Figure 8.6 : D'autres options de numérotation.

La numérotation commence normalement à 1 à chaque diapositive. Mais comment faire si elle doit se poursuivre sur la diapositive suivante ? Dans ce cas, vous tapez la première partie de la liste dans une diapositive, et la seconde dans l'autre. Ensuite, cliquez du bouton droit sur le premier élément de la deuxième diapositive et, dans le menu contextuel, choisissez Puces et numéros. Mettez ensuite la valeur du champ À partir de, en bas à droite de la boîte de dialogue, au numéro du premier élément de la liste. Par exemple, si la première liste comporte cinq éléments, la valeur de À partir de sera 6.

# Tabulations et retraits

PowerPoint permet de définir des taquets de tabulation pour contrôler la position du texte dans l'objet qui le contient. Dans une présentation, chaque paragraphe est mis en retrait selon son niveau dans le plan. Aussi, les modèles intègrent-ils des tabulations par défaut pour hiérarchiser comme il se doit les divers éléments des diapositives.

La manipulation et la littérature qui suivent expliquent comment exploiter les tabulations, un savoir-faire précieux pour peaufiner une présentation :

1. **Passez en mode d'affichage Normal.**

   Il est impossible de régler les tabulations en affichage Commentaires ou Trieuse de diapositives.

2. **Si la règle n'est pas visible, choisissez l'onglet Affichage, dans le Ruban et, dans le groupe Afficher, cochez la case Règle.**

   Des règles apparaissent en haut et à gauche de la fenêtre de la présentation. Celle d'en haut est prête à recevoir des taquets de tabulation.

3. **Sélectionnez l'objet textuel dont vous désirez modifier les tabulations ou les mises en retrait.**

   Chaque objet textuel dispose de ses propres paramètres de tabulation et de retrait. Dès que vous cliquez sur l'objet, les symboles appropriés apparaissent sur la règle.

4. **Cliquez sur la règle horizontale pour placer un taquet de tabulation.**

   Cliquez à l'emplacement exact dans la règle où le taquet de tabulation doit être placé. Son symbole apparaît.

5. **Déplacez éventuellement le taquet avec la souris pour modifier la mise en retrait.**

   Le taquet de tabulation est composé de trois parties : un triangle supérieur, qui définit le retrait ou le débord de la première ligne ; un triangle inférieur, qui définit le retrait ou le débord des lignes restantes du paragraphe ; et un rectangle, tout en bas, qui définit le retrait ou les débords de l'ensemble du paragraphe. Choisissez un texte de trois ou quatre lignes et essayez chacun de ces éléments.

## Les types de tabulations

Il existe quatre types de tabulations : gauche, droite, centrée et décimale. Le bouton carré visible dans le coin supérieur gauche de la règle indique le type de tabulation en cours. Cliquez dessus pour passer d'un type de tabulation à un autre :

✔ **Tabulation gauche.** Appuyer sur la touche Tab décale le texte jusqu'au prochain taquet de tabulation.

✔ **Tabulation droite.** Le texte est aligné du côté droit du taquet de tabulation.

✔ **Tabulation centrale.** Le texte est disposé de part et d'autre de la tabulation.

✔ **Tabulation décimale.** Les chiffres sont disposés de part et d'autre de la tabulation, la virgule décimale se trouvant exactement sous le taquet (cette option est très commode pour créer des tableaux de chiffres parfaitement alignés).

Chaque objet textuel a déjà des taquets de tabulation définis par défaut. Lorsque vous en ajoutez un, tous les taquets par défaut situés à gauche du nouveau taquet disparaissent.

Pour supprimer un taquet de tabulation, tirez-le hors de la règle puis relâchez le bouton de la souris.

## Espacer le texte

Vous manquez de place pour le texte ? Les lignes sont serrées les unes contre les autres comme dans un métro à l'heure de pointe ? Donnez-leur de l'air en procédant comme suit :

1. **Sélectionnez le ou les paragraphes dont il faut espacer les lignes.**

2. **Cliquez sur le bouton Interligne, dans le Ruban, et réglez l'espacement.**

Le bouton Interligne affiche les espacements les plus couramment utilisés : 1,0 ligne, 1,5 ligne, 2,5 lignes et 3,0 lignes. Si l'espacement désiré n'y figure pas, sélectionnez Options d'interligne, tout en bas du menu, afin d'accéder à la boîte de dialogue de la Figure 8.7.

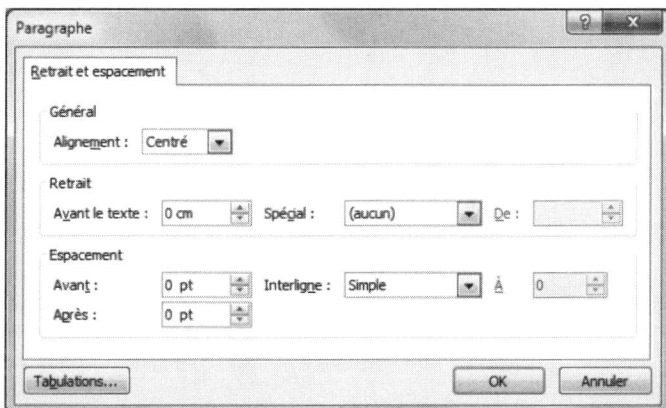

Figure 8.7 :
Modifiez
l'interligne à
votre guise.

# Aligner le texte

PowerPoint permet de contrôler l'alignement des lignes de texte dans une diapositive. Il peut être centré, aligné à gauche ou aligné à droite, ou encore justifié. Utilisez pour cela les boutons d'alignement du groupe Paragraphe, sous l'onglet Accueil, ou utilisez les raccourcis clavier du Tableau 8.2.

Notez que le centrage des lignes n'est pas effectué par rapport à la diapositive, mais par rapport à l'espace réservé – la zone de texte, si vous préférez – dans laquelle elles se trouvent.

Notez aussi que les listes à puces ou numérotées ont un plus bel aspect lorsqu'elles sont alignées à gauche. Évitez de les centrer.

# Créer des colonnes

Dans les diapositives, le texte est placé sur une seule colonne. Il est toutefois très facile d'en créer d'autres avec le bouton

**Tableau 8.2 : Les raccourcis pour aligner du texte.**

| Bouton | Raccourci | Alignement |
|---|---|---|
| | Ctrl+Maj+G | Aligné à gauche |
| | Ctrl+E | Centré |
| | Ctrl+Maj+D | Aligné à droite |
| | Ctrl+J | Justifié |

Colonnes, présent dans le groupe Paragraphe, sous l'onglet Accueil. Il suffit de cliquer dessus et de choisir, dans le menu déroulant, l'option Une colonne, Deux colonnes ou Trois colonnes. L'option Autres colonnes permet d'en créer davantage.

# Une touche d'originalité avec des textes WordArt

Les précédentes versions de PowerPoint comportaient une fonctionnalité nommée WordArt, permettant de déformer du texte et de lui appliquer des effets graphiques comme des dégradés ou l'écriture inclinée ou le long de courbes. Les effets spéciaux peuvent être appliqués à n'importe quel texte préalablement sélectionné. La Figure 8.8 montre ce que l'on peut faire avec WordArt en un rien de temps.

Procédez comme suit pour transformer la banale typographie d'un texte en œuvre d'art :

1. **Sélectionnez le texte à mettre en forme avec WordArt.**

   Ce texte peut se trouver n'importe où dans la présentation, et peut être un titre ou le corps du texte.

2. **Cliquez sur l'onglet Outils de dessin.**

   L'un des groupes de cet onglet s'appelle Styles WordArt (Figure 8.9).

Figure 8.8 :
Quelques effets de texte créés avec WordArt.

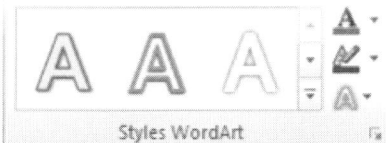

Figure 8.9 :
Les styles WordArt se trouvent sous l'onglet Outils de dessin.

**3. Cliquez sur le bouton Styles rapides.**

La palette de styles WordArt apparaît, comme le montre la Figure 8.10.

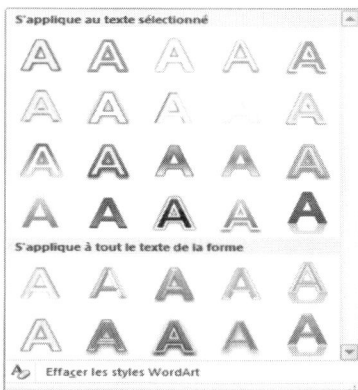

Figure 8.10 :
La palette des styles rapides de WordArt.

4. **Sélectionnez le style WordArt qui se rapproche le plus de la mise en forme que vous désirez appliquer.**

   Ne vous en faites pas si l'effet n'est pas exactement celui que vous recherchez. Vous modifierez son apparence par la suite.

5. **Essayez les diverses commandes WordArt des autres boutons présents dans le groupe Styles WordArt, sous l'onglet Outils de dessin.**

# De toutes les couleurs

*L*'une des tâches les plus ardues lors de la création d'une présentation PowerPoint est d'en soigner l'apparence. PowerPoint 2010 est doté d'une nouvelle fonctionnalité – les thèmes –, qui permet d'obtenir de belles diapositives en un rien de temps.

## Un coup d'œil à l'onglet Création

La Figure 9.1 montre l'onglet Création. Comme vous le constatez, il contient plusieurs groupes de commandes permettant de définir les divers aspects des diapositives d'une présentation. L'onglet Création peut être activé en cliquant dessus dans le Ruban, ou par le raccourci clavier Alt+G.

Voici à quoi servent les groupes de l'onglet Création :

✔ **Mise en page :** Permet de changer l'orientation de la diapositive de Paysage (en largeur) à Portrait (en hauteur), et de définir d'autres options de mise en page.

✔ **Thèmes :** Permet d'appliquer un thème à une présentation. C'est le groupe que vous utiliserez le plus souvent lors de la conception de vos diapositives.

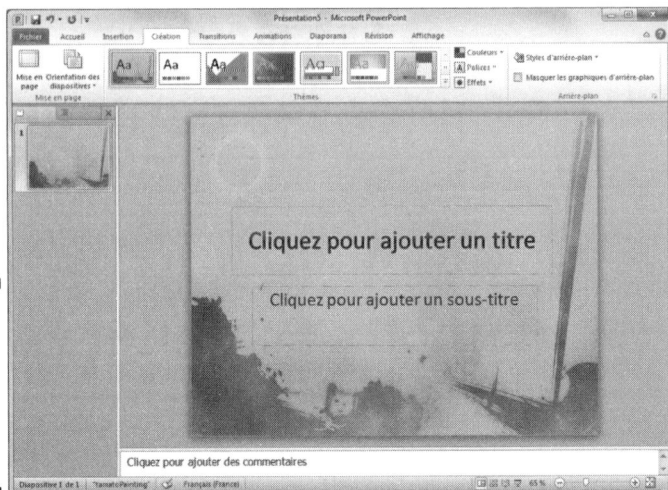

Figure 9.1 :
L'onglet
Création
sert à définir
l'aspect gra-
phique des
diapositives.

✔ **Arrière-plan :** Permet d'appliquer un effet de couleur ou une image utilisés comme arrière-plan.

## *Concevoir la mise en page*

Le groupe Mise en page contient une commande Orientation des diapositives qui permet de choisir entre une présentation en mode Paysage (proposée par défaut) ou Portrait. L'orientation Portrait, en hauteur, ne doit être utilisée que si vous comptez imprimer des transparents que vous projetterez avec un rétroprojecteur, ou si la présentation sera visionnée avec un ordinateur de type "tablette" dont l'écran est en hauteur.

Cliquer sur le bouton Mise en page, dans le groupe éponyme, affiche la boîte de dialogue de la Figure 9.2. Elle permet de contrôler encore plus étroitement la mise en page.

Voici les commandes que contient la boîte de dialogue Mise en page :

✔ **Diapositives dimensionnées pour :** Cette liste déroulante permet de définir la dimension des diapositives selon la manière dont vous les présenterez. La plus courante est l'affichage sur un écran d'ordinateur, dont le rapport est

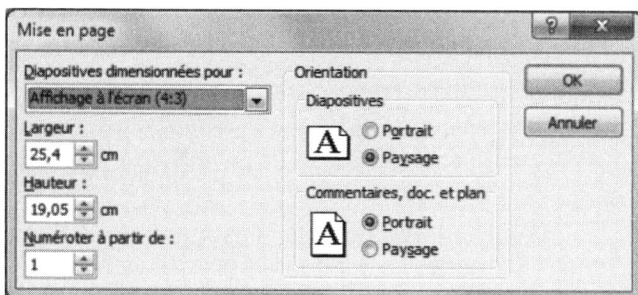

Figure 9.2 :
Cette boîte
de dialogue
contient des
options de
mise en page
supplémen-
taires.

de 4:3. Cela dit, le rapport d'écran de nombreux ordina-
teurs portables récents et des écrans de bureau panoramiques est de 16:9 ou 16:10. Vous trouverez ces formats
dans le menu déroulant, parmi d'autres comme le papier
A4 ou A3, les transparents et même les diapositives
24 x 36. Une option Personnalisé permet de définir des
proportions atypiques.

✔ **Largeur :** Sert à définir la largeur de la diapositive.

✔ **Hauteur :** Sert à définir la hauteur de la diapositive.

✔ **Numéroter à partir de :** Si vous avez choisi de numéroter
les diapositives, cette option permet de fixer le numéro
de la première. Par défaut, il est de 1.

✔ **Orientation :** Impose le sens de la présentation : Paysage
– à l'horizontale, appelée "à l'italienne" par les graphistes – ou Portrait, en hauteur, "à la française". Ce paramètre peut être défini séparément pour les diapositives et
pour les documents, notes et plan. En règle générale, les
diapositives sont en mode Paysage tandis que les documents sont en mode Portrait.

# Utiliser les thèmes

Le groupe Thèmes, sous l'onglet Création, permet de sélectionner le thème qui sera appliqué aux diapositives. PowerPoint
2010 est livré avec une kyrielle de thèmes joliment conçus qui
donneront un aspect professionnel à vos présentations. Si vous
avez quelque talent d'artiste, vous pourrez créer les vôtres.

Un *thème* est un ensemble d'éléments graphiques appliqués à une ou plusieurs diapositives. Chaque thème comporte plusieurs composants de base :

- ✔ Un **jeu de couleurs** qui s'accordent bien. Chaque thème compte quatre couleurs pour le texte et l'arrière-plan, et six couleurs pour mettre tel ou tel élément en valeur.

- ✔ Un **ensemble de polices** qui cohabitent esthétiquement. Chaque thème utilise une police pour le titre, une autre pour le corps du texte.

- ✔ Des **styles d'arrière-plan,** qui sont en fait un appariement de couleurs d'arrière-plan et d'effets comme des motifs ou des remplissages en dégradé.

- ✔ Des **effets typographiques** comme des styles de puces ou de traits.

Office contient 40 thèmes prédéfinis identifiables par leur nom quelque peu sibyllin, comme le révèle ce tableau :

| | | | |
|---|---|---|---|
| Thème Office | Angles | Apex | Apothicaire |
| Aspect | Austin | Capitaux | Civil |
| Clarté | Composite | Contiguïté | Couture |
| Cravate noire | Débit | Élémentaire | Essentiel |
| Exécutif | Fonderie | Grille | Horizon |
| Livre relié | Mailles | Médian | Métro |
| Module | Opulent | Oriel | Origine |
| Papier | Papier journal | Perspective | Promenade |
| Punaise | Rotonde | Sillage | Solstice |
| Technique | Urbain | Vagues | Verve |

## Appliquer des thèmes

Pour appliquer un thème à la totalité d'une présentation, cliquez sur celui qui vous intéresse, dans le groupe Thèmes de l'onglet Création. Si le thème en question n'est pas visible dans le Ruban, cliquez sur les boutons de défilement, à droite du groupe Thèmes, pour accéder aux thèmes supplémentaires.

**TRUC** Cliquez sur le bouton fléché, sous les flèches de défilement du groupe Thèmes, pour afficher l'ensemble des thèmes disponibles, comme le montre la Figure 9.3. En bas de la palette, des liens permettent de rechercher des thèmes supplémentaires sur le site Office.com. Celui tout en bas sert à enregistrer un thème que vous auriez modifié ou créé de toutes pièces.

Figure 9.3 : Tous les thèmes disponibles se trouvent dans cette palette.

**TRUC** Toutes les diapositives d'une présentation ne doivent pas forcément avoir le même thème. Pour en appliquer un à une seule diapositive ou à un ensemble de diapositives, sélectionnez-les, cliquez du bouton droit sur le thème à leur affecter et, dans le menu contextuel, choisissez Appliquer aux diapositives sélectionnées.

## Utiliser des jeux de couleurs

Les jeux de couleurs de PowerPoint sont la plus grande invention depuis l'époisses, un fromage pas fait pour les mauviettes qui se déguste à la petite cuillère quand il est bien coulant.

Sans les jeux de couleurs, vous n'auriez que l'embarras du choix entre les 16 777 216 couleurs (pas une de moins !) à votre disposition. Si les couleurs d'une présentation étaient mal choisies, l'auditoire pousserait les mêmes cris d'horreur qu'à la vue du papier peint à fleurs choisi par tante Berthe pour sa chambre à coucher.

Chaque jeu de couleurs est basé sur douze teintes agencées de la manière suivante :

✔ **Quatre couleurs pour les textes et l'arrière-plan :** Elles sont censées être les couleurs principales de la présentation. Dans chaque appariement de couleurs, l'une est utilisée pour le texte, l'autre pour le fond.

✔ **Six couleurs contrastantes :** Aussi appelées "accent", elles sont appliquées à divers éléments de la diapositive afin de les mettre en valeur par rapport au texte et à l'arrière-plan.

✔ **Deux couleurs de liens hypertextes :** Elles ne sont bien sûr utilisées que si des liens ont été définis dans la présentation.

Quand vous appliquez un thème, son jeu de couleurs est également appliqué, au même titre que tous ses autres éléments. PowerPoint vous permet cependant de modifier le jeu de couleurs. Vous pouvez par exemple appliquer un thème Opulent, mais utiliser le jeu de couleurs du thème Verve.

## Appliquer un jeu de couleurs

Pour appliquer un jeu de couleurs sans recourir à un autre thème, cliquez sur le bouton Couleurs, en haut à droite du groupe Thèmes. La palette de la Figure 9.4 se déploie ; vous pouvez y choisir le jeu de couleurs à appliquer. Remarquez comment chaque ensemble de couleurs est associé au nom d'un thème.

## Créer votre propre jeu de couleurs

Si aucun jeu de couleurs prédéfini ne vous plaît, créez les vôtres en procédant comme suit :

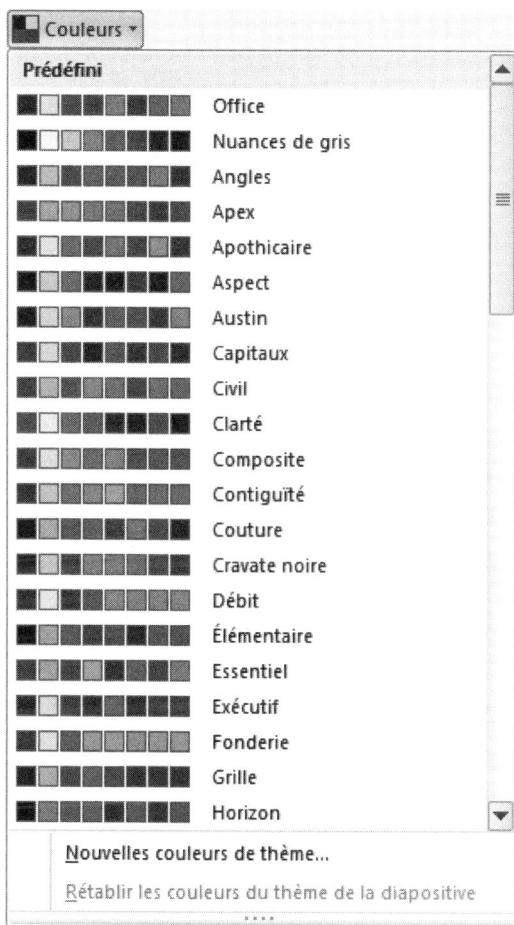

Figure 9.4 :
Cette palette
contient
les jeux de
couleurs des
différents
thèmes.

1. **Sélectionnez un jeu de couleurs proche de celui que vous aimeriez.**

Il est préférable que vous ayez un sens affirmé des couleurs si vous choisissez de dévier des couleurs prédéfinies. Si vous ne savez pas faire la différence entre un bleu outremer et un bleu de Prusse, mieux vaut laisser cela aux professionnels.

**2. Cliquez sur le bouton Couleurs et, en bas de la boîte de dialogue, choisissez Nouvelles couleurs de thème.**

La boîte de dialogue Créer de nouvelles couleurs de thème apparaît (Figure 9.5).

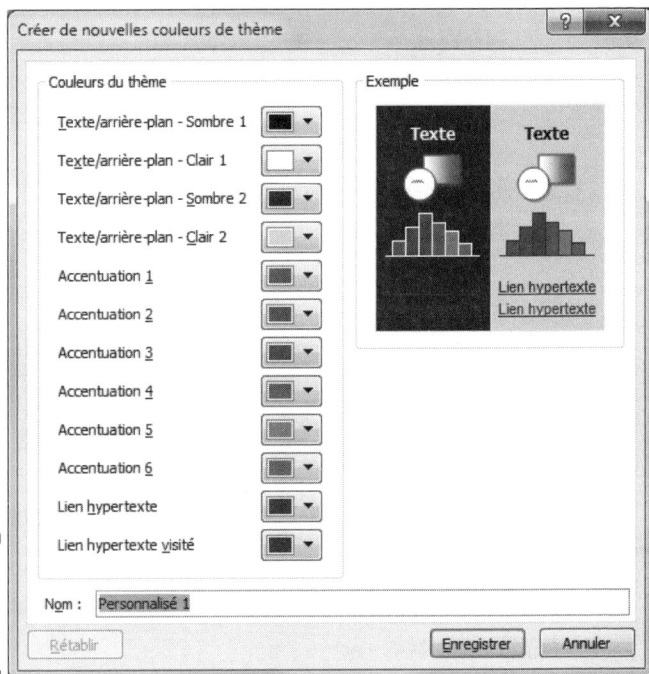

Figure 9.5 :
Création d'un
nouveau jeu
de couleurs.

**3. Cliquez sur le bouton de la couleur à changer.**

Par exemple, pour changer la première couleur contrastante, cliquez sur le bouton Accent 1 (notez que le nom de ce bouton peut varier légèrement). Cette action ouvre la palette de la Figure 9.6.

**4. Choisissez la couleur désirée.**

Comme vous le voyez, le choix ne manque pas.

**5. Si vous ne trouvez pas la couleur voulue, cliquez sur le bouton Autres couleurs.**

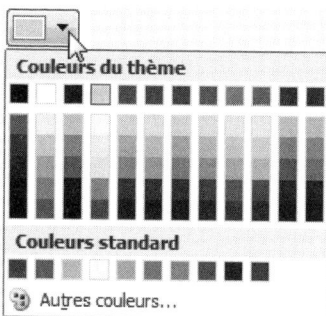

Figure 9.6 :
Changement
d'une couleur
du thème.

Cette fois, c'est le nuancier de la Figure 9.7 qui apparaît.
Il montre un espace colorimétrique hexagonal comportant, en opposition, les couleurs primaires et leur couleur
complémentaire. Notez que, par défaut, c'est l'onglet
Standard qui est affiché. L'onglet Personnalisées permet
de doser exactement la couleur.

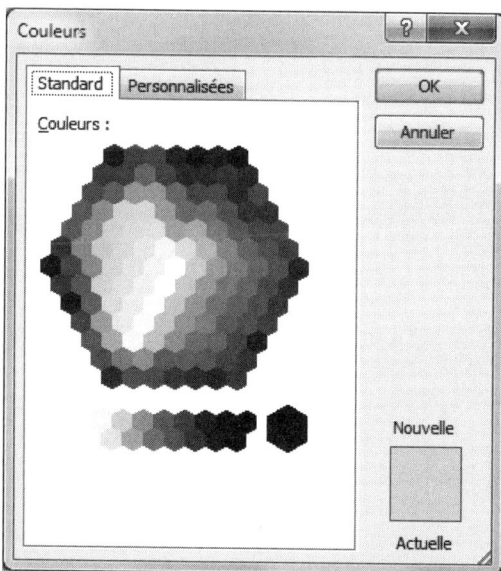

Figure 9.7 :
L'onglet Standard offre
un choix de
couleurs plus
étendu.

**6. Sélectionnez la couleur désirée puis cliquez sur OK.**

Cela vous ramène à la boîte de dialogue Créer de nouvelles couleurs de thème.

7. **(Facultatif) Répétez les Étapes 3 à 6 pour toutes les autres couleurs à changer.**

8. **Cliquez sur Enregistrer.**

Le nouveau jeu de couleurs est enregistré.

L'onglet Standard, dans la Figure 9.7, montre 127 couleurs auxquelles s'ajoutent le noir, le blanc et des nuances de gris. Pour obtenir une couleur ne figurant pas dans ce nuancier, vous devez cliquer sur l'onglet Personnalisées. Vous accédez ainsi à la boîte de dialogue de la Figure 9.8, où vous pourrez doser chacun des trois canaux chromatiques rouge, vert et bleu permettant d'obtenir plus de 16,7 millions de teintes. Si vous avez des notions d'infographie, l'espace chromatique et les paramètres vous sont peut-être familiers. Sinon, rien ne vous empêche de faire des essais en cliquant dans une couleur.

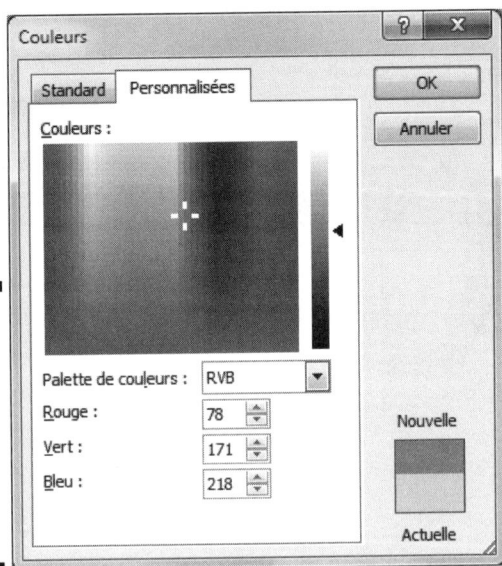

Figure 9.8 :
L'onglet Personnalisées permet de définir exactement l'une des 16 777 216 couleurs disponibles.

# Utiliser les polices des thèmes

Un thème comporte bien moins de polices que de couleurs. Alors que les polices sont au nombre de douze, les couleurs ne sont que deux : une pour les titres, l'autre pour le corps du texte.

Si vous ne tenez pas à utiliser les polices imposées par le thème que vous avez choisi, cliquez sur le bouton Polices, à droite du groupe Thèmes. Celle que vous choisirez dans le menu déroulant sera appliquée dans toute la présentation.

Notez bien que changer la police d'un thème est différent de changer de police à l'aide de la commande Police du groupe du même nom sous l'onglet Accueil. Quand vous mettez une police en forme à partir de l'onglet Accueil, vous effectuez une *mise en forme directe*, qui supplante provisoirement les paramètres de police définis par le thème. En règle générale, vous ne devrez modifier les polices du thème que si elles s'appliquent à toute la présentation. Utilisez parcimonieusement la mise en forme directe ; ne l'appliquez qu'à un mot ou deux que vous désirez faire ressortir.

La police utilisée par un thème peut être changée en cliquant sur le bouton Polices, dans le groupe de Thèmes de l'onglet Création, et en choisissant l'option Nouvelles polices de thème, tout en bas du menu. La boîte de dialogue de la Figure 9.9 apparaît ; elle permet de changer la police des titres et du corps du texte.

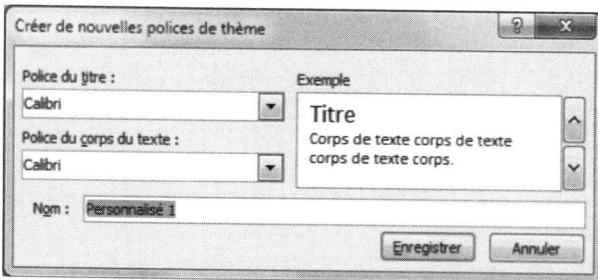

Figure 9.9 :
Sélectionnez les nouvelles polices d'un thème.

## Appliquer des effets de thème

Les *effets de thème*, qui appliquent de subtiles variations graphiques à une présentation, sont un autre élément majeur d'un thème de PowerPoint. Ils sont appliqués automatiquement chaque fois que vous utilisez un thème. Il est toutefois possible d'appliquer des effets issus d'un autre thème en cliquant sur le bouton Effets, à droite du groupe Thèmes, sous l'onglet Création. Vous accédez ainsi à la palette d'effets que montre la Figure 9.10, où vous ferez votre choix.

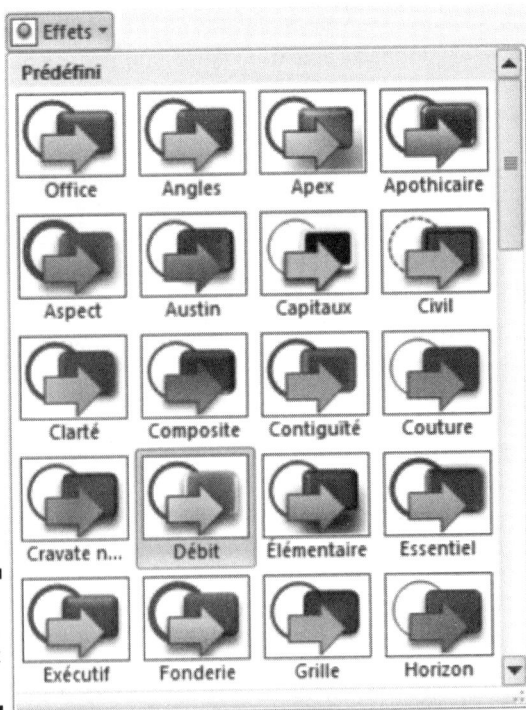

Figure 9.10 :
Choisissez ici un autre effet de thème.

## Utiliser des styles d'arrière-plan

Un *style d'arrière-plan* est la combinaison d'une couleur d'arrière-plan choisie dans le jeu de couleurs d'un thème et d'un effet de remplissage de l'arrière-plan. Un jeu de couleurs comporte toujours quatre couleurs utilisables pour le fond : deux claires et deux foncées. De plus, vous avez le choix entre trois effets de remplissage de l'arrière-plan : subtil, modéré ou intense. Par exemple, le remplissage subtil pourra être une couleur unie, le remplissage modéré un délicat motif appliqué à la couleur, et le remplissage intense un dégradé très marqué.

Chaque combinaison des quatre couleurs d'arrière-plan et des trois remplissages d'arrière-plan est un *style d'arrière-plan*. De ce fait, chaque thème propose douze styles d'arrière-plan.

Pour appliquer des styles d'arrière-plan à un thème de la présentation, cliquez sur le bouton Styles d'arrière-plan, dans le groupe Arrière-plan de l'onglet Création. La palette de la Figure 9.11 s'ouvre.

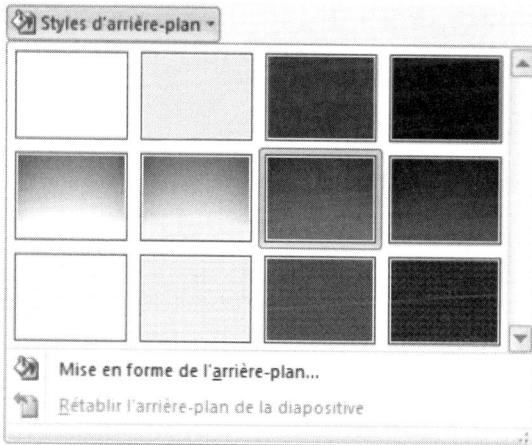

Figure 9.11 : Choisissez un style d'arrière-plan.

## *Appliquer un dégradé*

Vous avez sans doute remarqué que la couleur de bon nombre des arrière-plans de diapositives n'est pas uniforme. Elle présente au contraire un changement de nuance ou de couleur progressif. Cet effet, appelé *dégradé*, est visuellement attrayant. Examinez la diapositive de la Figure 9.12 : elle est basée sur le thème Office standard de PowerPoint 2010. L'arrière-plan est d'un bleu foncé en haut, qui s'atténue progressivement jusqu'à devenir presque blanc en bas.

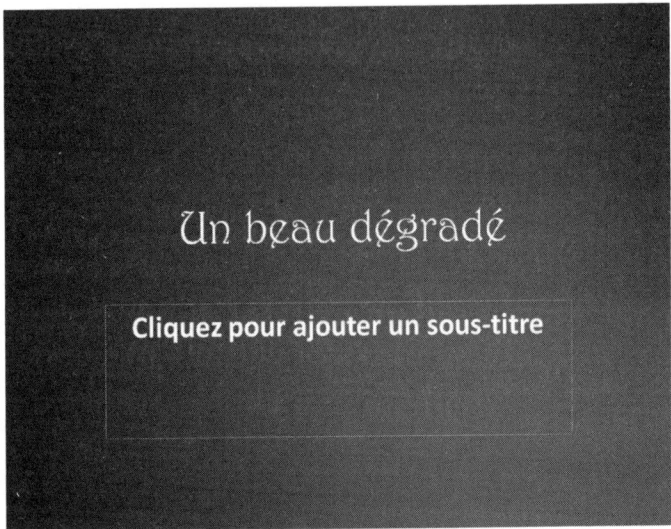

Voici comment créer un remplissage en dégradé personnalisé :

1. **Choisissez la diapositive devant recevoir le dégradé.**

   Cette étape n'est pas nécessaire si vous désirez appliquer le dégradé à toutes les diapositives de la présentation.

2. **Dans le groupe Arrière-plan de l'onglet Création, cliquez sur le bouton Styles d'arrière-plan.**

   La palette des styles d'arrière-plan apparaît.

3. **Cliquez sur l'option Mise en forme de l'arrière-plan, en bas de la palette.**

   La boîte de dialogue Mise en forme de l'arrière-plan apparaît (Figure 9.13).

4. **Dans le volet de gauche, sélectionnez Remplissage, si ce n'est déjà fait.**

5. **Sélectionnez le bouton d'option Remplissage dégradé, si ce n'est déjà fait.**

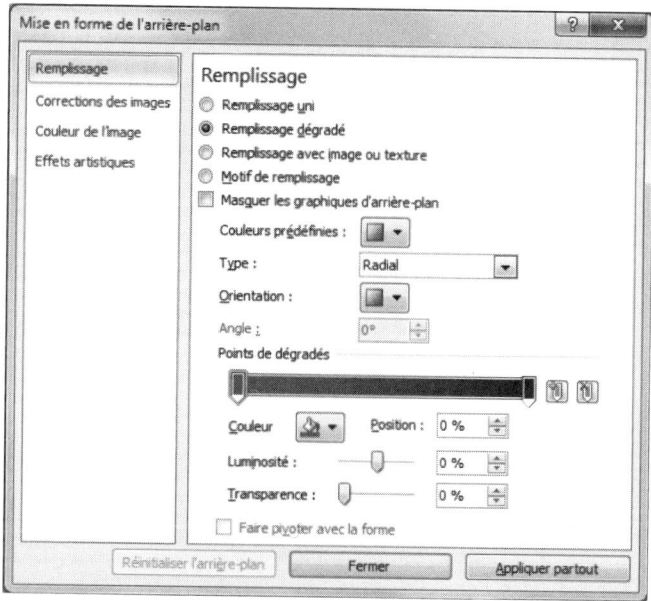

Figure 9.13 :
C'est dans
cette boîte
de dialogue
qu'est défini
l'arrière-plan
d'une ou
plusieurs
diapositives.

**6. Paramétrez les options de dégradé à votre guise.**

Vous devrez faire des essais pour comprendre le principe.
Commencez par sélectionner les couleurs prédéfinies,
où vous trouverez plusieurs dégradés prêts à l'emploi.
Jouez ensuite avec les commandes jusqu'à ce que vous
obteniez l'effet désiré. Les points de dégradé (déroulez
le menu) permettent de définir la couleur de départ
(Point 1) et la couleur d'arrivée (Point 4, par défaut). Les
points 2 et 3 définissent des couleurs intermédiaires.
Réglez aussi la transparence et l'orientation.

**7. Cliquez sur OK.**

# Chapitre 10

# De l'animation
# dans les diapositives

**S**i vous envisagez de projeter l'animation sur votre ordinateur ou sur un écran, vous pouvez utiliser ou abuser des possibilités d'animation de PowerPoint. Ce chapitre commence par les transitions de diapositives. Techniquement, il ne s'agit pas d'animations, car les éléments de la diapositive ne sont pas animés. Cependant, on les utilise de concert avec des animations pour créer des présentations bien plus intéressantes que si elles affichaient platement des informations.

## Créer des transitions

Une *transition* est un effet visuel entre deux diapositives. La plus classique consiste à afficher brusquement la nouvelle diapositive ; c'est efficace, mais ne révèle pas une grande imagination. PowerPoint propose plus de 50 effets de transition. Par exemple, la nouvelle diapositive peut recouvrir l'ancienne depuis le coin supérieur droit de l'écran ou toute autre direction. Vous pouvez aussi appliquer des fondus, utiliser des volets ou encore faire tourner la diapositive comme à la fête foraine.

Les transitions sont contrôlées par les commandes de l'onglet Transitions que montre la Figure 10.1.

Figure 10.1 :
Les transitions sont définies dans cet onglet.

L'onglet transitions comprend les trois groupes de commandes suivants :

- ✔ **Aperçu :** Ce groupe ne contient qu'une seule commande, fort opportunément nommée Aperçu, qui montre l'effet de la transition sélectionnée pour la diapositive courante.

- ✔ **Accès à cette diapositive :** Vous sélectionnez dans ce groupe la transition affichant la diapositive courante.

- ✔ **Minutage :** Ce groupe permet de sélectionner des options affectant la transition appliquée à la diapositive, notamment la vitesse de l'effet, et son déclenchement par un clic de souris ou automatiquement après un certain délai.

Voici comment créer une transition :

1. **Affichez la diapositive à laquelle vous souhaitez appliquer une transition.**

   Notez que la transition précède la diapositive que vous venez d'afficher (elle ne se déroule pas après). Par exemple, si la diapositive n° 3 est affichée, la transition que vous vous apprêtez à définir se produira lors du passage de la diapositive 2 à la diapositive 3 (et non de 3 à 4).

   Pour appliquer un jeu d'animations à l'ensemble des diapositives, passez cette première étape, car peu importe à partir de quelle diapositive vous la créez.

   Pour appliquer des transitions différentes entre les diverses diapositives, travaillez de préférence en mode Trieuse de diapositives (cliquez sur le bouton d'affichage

en bas à droite de PowerPoint), car il permet de voir
plusieurs diapositives en même temps.

2. **Cliquez sur l'onglet Transitions puis, dans le groupe Accès à cette diapositive, sélectionnez l'effet à appliquer.**

Si vous le désirez, vous pouvez afficher la palette complète des transitions (voir Figure 10.2) en cliquant sur le bouton fléché Autres, en bas à droite du groupe Accès à cette diapositive.

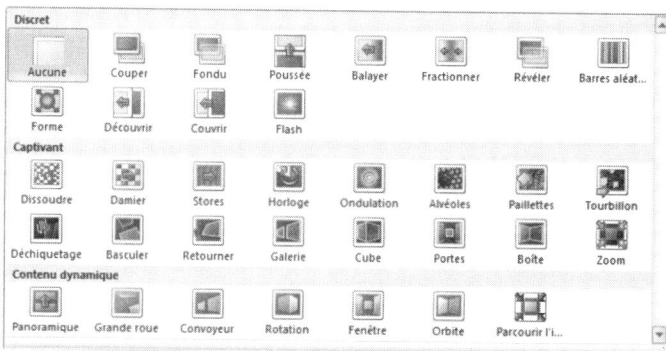

Figure 10.2 :
La palette
des transi-
tions.

3. **Cliquez sur le bouton Options d'effets afin de sélectionner une variation à appliquer à la transition choisie à l'étape précédente.**

Toutes les transitions ne permettent pas de choisir une
option d'effet, et le nombre des effets change selon la
transition. Par exemple, pour la transition Balayer, vous
avez le choix entre les effets suivants :

- À partir de la droite.

- À partir du haut.

- À partir de la gauche.

- À partir du bas.

- À partir du coin supérieur droit.

- À partir du coin inférieur droit.

- À partir du coin supérieur gauche.

- À partir du coin inférieur gauche.

4. **Si vous le désirez, déroulez le menu Son afin de sonoriser la transition.**

   Le menu Son contient une longue liste de bruitages comme Acclamation, Appareil photo, Brise, Machine à écrire, Vent... L'option Autre son permet d'utiliser n'importe quel fichier audio à condition qu'il soit au format `.wav`.

5. **Utilisez la commande Durée pour régler la rapidité de la transition.**

   Elle est par défaut de 1 seconde, mais vous pouvez spécifier une durée plus longue ou plus courte.

6. **Cochez la case Manuellement ou Après, afin d'indiquer comment la transition doit être activée.**

   Pour contrôler vous-même le passage d'une diapositive à une autre, cochez la case Manuellement. Pendant la présentation, vous devrez cliquer dans la diapositive pour passer à la suivante. En revanche, si la diapositive ne doit rester affichée que pendant une durée définie puis passer automatiquement à la suivante, cochez la case Après, puis spécifiez le délai.

   Pour appliquer l'effet à la totalité de la présentation, cliquez sur l'option Appliquer partout.

Voici quelques points à garder à l'esprit quand vous définissez des transitions :

- **La vitesse de l'ordinateur :** Les effets de transition sont meilleurs sur un ordinateur rapide, car il est capable de manipuler un grand nombre de pixels en très peu de temps. Si votre machine est lente, choisissez la vitesse Rapide afin que la transition ne se traîne pas.

- **La sélection d'un jeu de transitions :** Certains effets de transition agissent dans plusieurs directions. Vous pouvez créer un jeu de transitions qui varie ces effets d'une diapositive à l'autre. Par exemple, choisissez Recouvrir à partir de la droite pour la première diapositive, Recouvrir

à partir de la gauche pour la deuxième, Recouvrir à partir
du bas pour la troisième, et ainsi de suite.

✔ **La prévisualisation les transitions :** Quand vous travaillez en mode Trieuse de diapositives, cliquez sur
l'icône en forme d'étoile d'une diapositive afin d'animer
cette dernière. Le minutage automatique des transitions
est également affiché sous la diapositive si vous avez
opté pour ce mode de transition.

## L'onglet Animation

Avec les transitions, le type d'animation le plus prisé dans
PowerPoint est l'ajout d'effets d'ouverture et de fermeture au
texte qui apparaît dans la diapositive. Ils sont particulièrement
utiles pour les listes à puces, car ils permettent d'afficher une
phrase à puce à la fois. Chacune semble arriver de nulle part,
descendre du haut de l'écran ou défiler de gauche à droite, à
moins que vous préfériez faire rebondir les caractères ou leur
faire faire la roue dans un sens ou dans l'autre.

Ces animations sont configurées à partir de l'onglet Animations
que montre la Figure 10.3 :

Figure 10.3 :
Les com-
mandes
d'animation
se trouvent
ici.

L'onglet Animations contient quatre groupes de commandes :

✔ **Aperçu :** Ce groupe ne contient qu'une seule commande
du même nom qui visualise l'effet sélectionné pour la
diapositive courante.

✔ **Animations :** Vous sélectionnez ici l'une des animations
prédéfinies.

✔ **Animation avancée :** Les commandes de ce groupe permettent de créer des animations personnalisées à partir

des effets de base du groupe Animations. Nous y reviendrons à la section "Personnaliser l'animation", un peu
plus loin.

✔ **Minutage :** C'est là que vous temporisez l'animation,
comme expliqué à la section "Minuter l'animation", plus
loin dans ce chapitre.

Pour appliquer une animation, commencez par sélectionner la
zone de texte qui doit recevoir l'effet. Choisissez ensuite l'effet
dans le groupe Animations.

À l'instar des autres palettes de PowerPoint, la palette Animation est dotée d'un bouton fléché Autres qui affiche la totalité
de la palette, comme le montre la Figure 10.4.

Après avoir appliqué une animation, vous pouvez cliquer sur
le bouton Options d'effets pour lui appliquer une variation. Par
exemple, si vous avez appliqué l'animation Entrée brusque,
vous choisissez dans les options d'effet la direction dans laquelle s'effectue l'entrée.

Remarquez qu'il existe quatre options Autres, en bas de la palette des animations. Chacune contient des animations supplémentaires.

Pour obtenir des animations plus complexes, vous devrez les
configurer vous-même comme expliqué à la prochaine section,
"Personnaliser l'animation".

## *Personnaliser l'animation*

L'animation personnalisée permet d'exploiter à fond les
possibilités d'animation de PowerPoint. C'est le seul moyen
d'obtenir des effets autrement plus sophistiqués que les styles
prédéfinis comme Estomper, Balayer et Entrée brusque, présents dans le groupe Animations. En plus du texte, la personnalisation permet d'animer d'autres objets comme des images,
des formes et des graphiques.

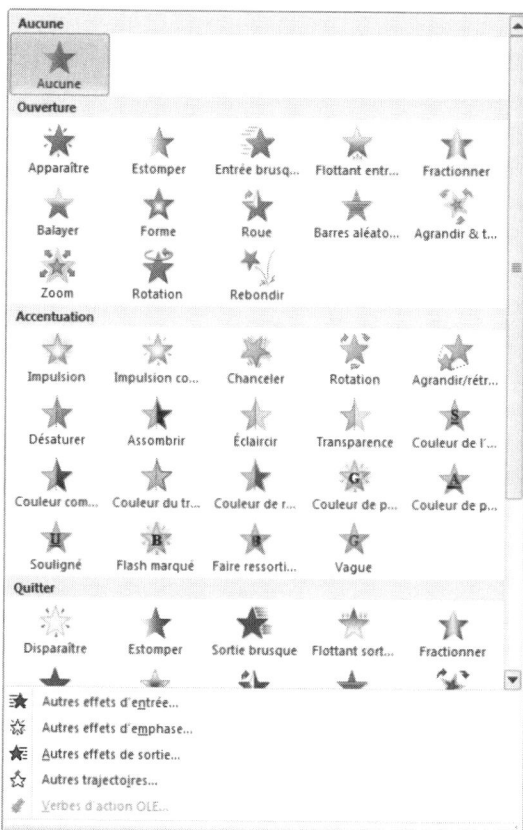

Figure 10.4 :
La palette
Animations.

## Comprendre la personnalisation de l'animation

Avant d'entrer dans les détails, voici quelques concepts de base à bien assimiler. Rassurez-vous, ils ne sont pas très techniques, mais vous ne pouvez pas vous en dispenser.

Des animations personnalisées peuvent être appliquées à n'importe quel objet d'une diapositive, c'est-à-dire à un espace réservé, un objet dessiné (forme automatique...), une zone de texte ou encore un clipart. Pour les objets textuels, vous pouvez choisir d'appliquer l'animation à la totalité du texte ou seulement à tel ou tel paragraphe de l'objet. Vous pouvez aussi indiquer si l'effet survient automatiquement ou après un clic, ou encore après l'appui sur la touche Entrée.

Personnaliser l'animation applique quatre types d'effets d'animation élémentaires aux objets :

✔ **Ouverture :** Manière dont un objet entre dans la diapositive. Si vous n'en spécifiez pas, l'objet s'affiche à la position où vous l'avez placé sur la diapositive. Mais pour être plus créatif, utilisez l'un des 52 effets proposés comme Apparaître, Bandes, Descendre, Étirer, Boomerang, etc.

✔ **Emphase :** Attirer l'attention sur un objet déjà en place. PowerPoint propose 31 effets d'emphase dont Changer la couleur de remplissage, Modifier le style de la police, Ampoule de flash, Mélange de couleurs, Scintiller, Clignoter, etc.

✔ **Fermeture :** Définit la manière dont un objet sort de la diapositive. La plupart des objets n'ont pas d'effet de sortie, mais s'il est applicable, sachez que PowerPoint propose 52 effets, analogues aux effets d'ouverture.

✔ **Trajectoire :** Animation personnalisée des plus intéressantes. Une *trajectoire* est une courbe imaginaire suivie par l'objet. PowerPoint fournit 64 trajectoires prédéfinies comme le cercle, l'étoile, la larme, la spirale, etc. Et si ce n'est pas suffisant, vous pouvez tracer librement les vôtres.

Si la trajectoire commence hors de l'écran et se termine sur la diapositive, vous obtenez un effet d'ouverture. Si la trajectoire commence sur la diapositive mais se termine en dehors, vous obtenez un effet de fermeture. Et si la trajectoire commence et se termine sur la diapositive, vous obtenez un effet d'emphase. Rien ne vous empêche de définir une trajectoire commençant et se terminant hors de la diapositive. Dans ce cas, l'objet ne fait que passer.

Pour définir une trajectoire, cliquez sur le bouton Ajouter un effet, dans le volet Animation, puis choisissez Trajectoires, Tracer une trajectoire personnalisée. Choisissez ensuite l'un des outils de dessin dans le menu contextuel : Trait, Courbe, Forme libre ou Dessin à main levée. Tracez ensuite la trajectoire à l'aide de l'outil sélectionné.

Plusieurs animations peuvent être appliquées à un objet. Par exemple, vous pouvez lui affecter un effet d'ouverture, un effet d'emphase et un effet de fermeture. Cela permet d'afficher l'objet, d'attirer l'attention sur lui et de lui faire quitter la diapositive. Vous pouvez également dessiner plusieurs trajectoires pour un seul objet ou cumuler les effets d'ouverture et de fermeture. Mais bien souvent un seul fonctionnera.

Chaque effet possède plusieurs propriétés permettant de le personnaliser. Elles proposent toutes un paramètre de vitesse, et certains effets sont pourvus de paramètres supplémentaires permettant de contrôler l'amplitude des mouvements.

Il est possible de créer un *déclencheur* qui démarre une animation lors d'un clic sur tel ou tel objet. Par exemple, vous pourriez définir un déclencheur qui applique une pulsation à un paragraphe lorsque vous cliquez sur un titre. Pour ce faire, commencer par animer le texte. Ensuite, dans le groupe Animation avancée, cliquez sur Déclencheur et, dans le menu, choisissez Sur clic de. Une liste d'objets cliquables apparaît. Sélectionnez l'espace réservé Titre 1 (notez que vous pouvez aussi déclencher une animation lorsqu'un endroit spécifique est atteint au cours de la lecture d'une vidéo. Nous y reviendrons au Chapitre 16).

## Utiliser le volet Animation

Le volet Animation est un panneau qui apparaît à droite de la diapositive. Il affiche des informations importantes à propos des animations appliquées aux diapositives. Le volet Animation personnalisée est masqué par défaut, mais il est recommandé de le faire apparaître avant d'ajouter des animations personnalisées à vos diapositives. Pour afficher ce panneau, cliquez sur le bouton Volet Animation, dans le groupe Animation avancée.

La Figure 10.5 montre le volet Animation lorsqu'aucune animation n'a été ajoutée à la diapositive.

Voyons maintenant comment utiliser ce volet pour nos animations.

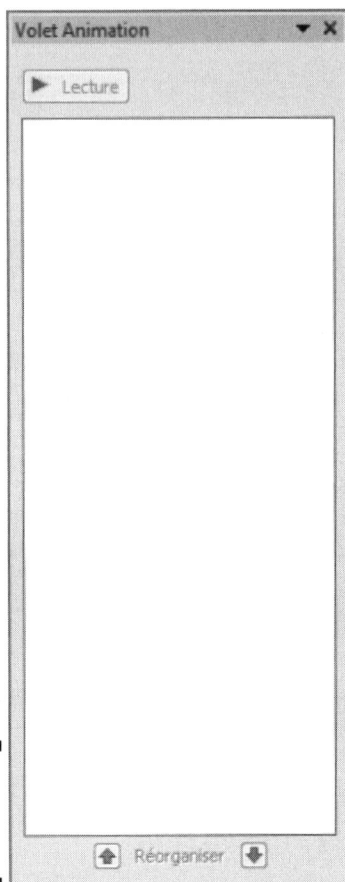

Figure 10.5 :
Le volet
Animation
vide.

## Ajouter un effet

Procédez comme suit pour animer un objet sur une diapositive :

1. **En mode Normal, affichez la diapositive qui contient
   l'objet à animer, et cliquez sur l'objet afin de le sélectionner.**

   Pour animer des paragraphes de texte, sélectionnez l'espace réservé qui les contient.

2. **Cliquez sur l'onglet Animations, dans le Ruban.**

3. **Dans le groupe Animation avancé, cliquez sur le bouton Volet Animation.**

   Le volet Animation apparaît.

4. **Cliquez sur le bouton Ajouter un effet puis, dans le menu qui se déroule, sélectionnez le type d'effet à créer.**

   Le menu propose les quatre catégories d'effets : Ouverture, Accentuation, Quitter et Trajectoires. Dans cet exemple, nous choisissons l'effet d'ouverture Rebondir.

   L'effet d'ouverture qui vient d'être choisi apparaît dans le volet Animation, comme le révèle la Figure 10.6.

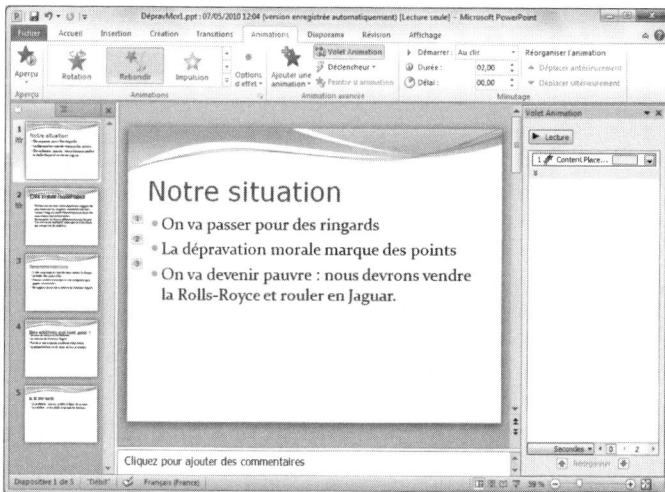

Figure 10.6 : Le volet Animation, à droite, après l'ajout d'une animation.

Remarquez la numérotation qui a été appliquée à chacun des paragraphes de l'espace réservé. Ils indiquent que ce sont eux qui seront animés. Dans le volet Animation, cette numérotation n'est pas mentionnée car, bien que l'animation ait été appliquée à trois paragraphes, elle est considérée comme une seule et même entité dans le volet Animation.

Mais si vous cliquez sur les chevrons en bas à gauche de l'animation, dans le volet, le détail de l'animation est affiché comme le montre la Figure 10.7.

Figure 10.7 :
Le détail
d'une ani-
mation peut
être affiché
dans le volet
Animation.

5. **(Facultatif) Cliquez sur le bouton Options d'effets pour définir un paramètres supplémentaire.**

   Par exemple, pour l'animation Rebondir, vous choisirez un rebond global pour tous les paragraphes en même temps, ou le rebond du premier paragraphe, puis du second, et ainsi de suite.

6. **Pour prévisualiser l'animation, cliquez sur le bouton Lecture, en haut à gauche du volet Animation.**

Ou, si vous préférez, démarrez la lecture du diaporama en appuyant sur la touche F5 pour apprécier l'aspect de l'animation. Si rien ne se passe, essayez de cliquer sur le bouton de la souris.

Si vous appliquez plusieurs effets à une diapositive, ils seront initialisés à chaque clic de souris, dans l'ordre où vous les aurez définis. Rien ne vous empêche de déterminer l'ordre des effets en cliquant sur les flèches de l'option Réorganiser, sous la fenêtre du volet Animation. Pour en savoir plus sur la réorganisation des effets et leur temporisation, reportez-vous à la section "Minuter les animations", plus loin dans ce chapitre.

Un effet peut être configuré plus finement encore en cliquant sur le bouton fléché à sa droite, dans la fenêtre où ils s'accumulent. Choisissez Options d'effet, dans le menu. Une boîte de dialogue semblable à celle de la Figure 10.8 s'ouvre. Elle permet d'ajouter un son, de modifier la couleur de l'objet une fois l'animation terminée, et de déterminer la manière dont le texte sera animé (tout simultanément, mot après mot ou lettre après lettre). Selon le type d'effet, des commandes supplémentaires peuvent apparaître dans cette boîte de dialogue.

## *Un peu plus sur l'animation des textes*

On anime généralement du texte pour attirer l'attention sur un paragraphe. Il suffit pour cela d'appliquer un effet d'ouverture à l'espace réservé du texte. Ajustez ensuite les paramètres de l'effet. Ainsi, au début de la présentation, la diapositive n'affiche que le titre. Cliquez une fois et le premier paragraphe apparaît. Lisez tranquillement ce paragraphe, puis cliquez sur le bouton de la souris pour afficher le deuxième paragraphe. Continuez à lire et à cliquer jusqu'à ce que tous les paragraphes soient affichés. Ensuite, quand vous cliquez, vous passez à la diapositive suivante.

Une autre approche consiste à utiliser un effet de la catégorie Accentuation au d'un effet Ouverture. Cela permet d'afficher tous les paragraphes sur la diapositive. Quand vous cliquez sur la souris, l'effet d'Ouverture est appliqué au premier paragraphe – il

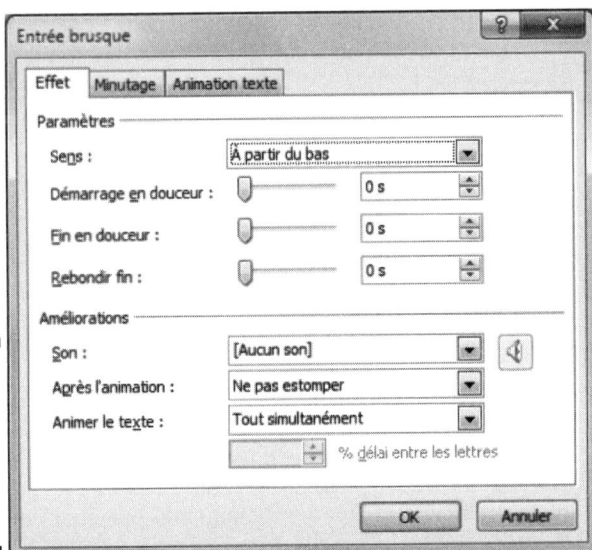

Figure 10.8 :
La boîte de
dialogue des
paramètres
de l'anima-
tion Entrée
brusque.

change de couleur, grossit, tourne, etc. Chaque fois que vous cliquez, l'effet est appliqué au prochain paragraphe de la séquence.

Vous devez d'abord ajouter l'effet à l'espace réservé du texte.
Vous appelez ensuite la boîte de dialogue des options de l'effet,
en cliquant sur la flèche à droite de l'effet, dans le volet Animation. La boîte de dialogue des options de l'effet s'ouvre. Cliquez
sur l'onglet Animation texte, comme le montre la Figure 10.9.

Dans la boîte de dialogue de l'animation, le paramètre Grouper
le texte, sous l'onglet Animation texte, contrôle la manière dont
les paragraphes apparaissent quand vous cliquez sur la souris
pendant le diaporama, en se basant sur le niveau hiérarchique
des paragraphes. Si vous n'avez qu'un niveau hiérarchique,
l'option Par 1er niveau de paragraphe est idéale. Si plusieurs
niveaux ont été définis dans la diapositive, conserver l'option
précédente fait que chaque paragraphe est animé conjointement avec ceux qui lui sont subordonnés. Pour n'animer que
les paragraphes de niveau 2, choisissez plutôt l'option Par 2e
niveau de paragraphe.

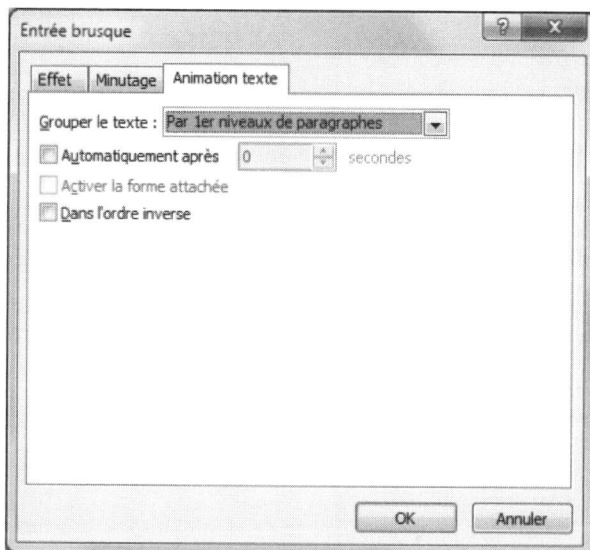

Figure 10.9 :
Animation de
texte.

Les autres commandes de cet onglet permettent d'animer automatiquement chaque paragraphe après un certain laps de temps, ou d'afficher les paragraphes en ordre inverse.

## Minuter les animations

La plupart des animations sont déclenchées à la souris. Mais vous pouvez activer automatiquement certaines animations en séquence ou toutes en même temps. Les fonctions de minutage de PowerPoint le permettent.

Il faut d'abord placer les divers effets dans l'ordre correct. Dans un premier temps, ils sont ajoutés à la liste selon leur ordre de création. Il est rare de déterminer l'ordre définitif des effets au moment où on les crée dans une présentation. Pour les ordonner correctement, il suffit toutefois de les faire monter ou descendre dans la liste.

Les effets placés dans le bon ordre, cliquez sur le bouton fléché à droite de l'animation, dans le volet Animation, et choisissez l'une de ces options :

✔ **Démarrer en cliquant :** Lance l'effet quand vous cliquez ou appuyez sur la touche Entrée.

✔ **Démarrer avec le précédent :** Lance l'effet quand celui situé immédiatement au-dessus dans la liste démarre. Utilisez cette option pour animer plusieurs objets simultanément.

✔ **Démarrer après le précédent :** Lance l'effet dès que le précédent est terminé.

Commencez par le premier effet de la liste. Cliquez ensuite sur chaque effet pour les sélectionner. Choisissez une option dans la liste Début. Si tous les effets, à l'exception du premier, sont fixés sur Avant la précédente ou Après la précédente, toutes les animations des diapositives s'exécutent automatiquement quand vous cliquez pour lancer le premier effet.

Par exemple, la Figure 10.10 affiche une diapositive dans laquelle trois polygones se rassemblent pour former un rectangle.

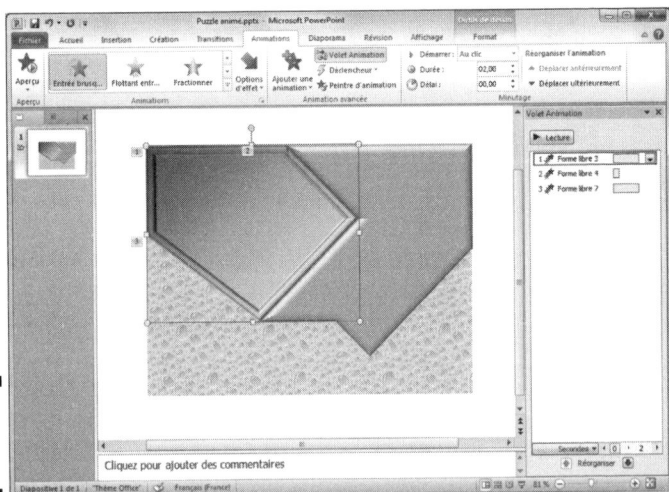

Figure 10.10 : Un puzzle animé.

Reportez-vous au Chapitre 13 pour savoir comment tracer les formes animées dans cette illustration.

Suivez les étapes ci-dessous pour animer une forme géométrique, comme sur la Figure 10.10 :

1. **Sur la pièce supérieure gauche, ajoutez un effet de trajectoire Entrée brusque avec les options suivantes :**

   Début : Au clic.

   Sens : À partir du coin supérieur gauche.

   Vitesse : 2 secondes (moyen).

2. **Sur la pièce supérieure droite, ajoutez un effet de trajectoire Entrée brusque avec les options suivantes :**

   Début : Avec la précédente.

   Sens : À partir du coin supérieur droit.

   Vitesse : 2 secondes (moyen).

3. **Sur la pièce inférieure, ajoutez un effet de trajectoire Entrée brusque avec les options suivantes :**

   Début : Démarrer avec le précédent.

   Sens : À partir du bas.

   Vitesse : Moyenne.

Pour plus de contrôle sur le minutage des effets, cliquez sur la flèche située à droite de l'effet. Choisissez Minutage. La boîte de dialogue de la Figure 10.11 apparaît. Voici quelques explications sur le minutage :

✔ **Début :** Même commande que la liste Début du volet Animation.

✔ **Délai :** Permet de retarder le démarrage de l'animation en spécifiant des secondes.

✔ **Vitesse :** Même commande que la liste Vitesse du volet Animation.

✔ **Répéter :** Répète l'effet afin que l'objet soit animé plusieurs fois de suite.

✔ **Revenir au début de la lecture :** Certains effets laissent l'objet dans une autre condition que celle qui était la

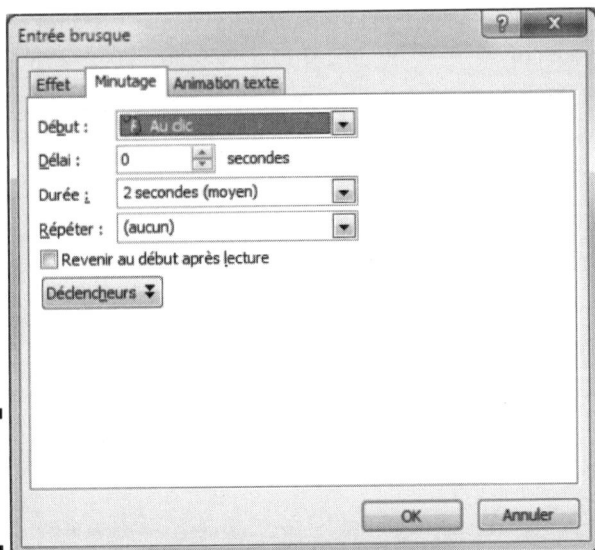

Figure 10.11 :
Les com-
mandes du
minutage.

sienne au moment du démarrage de l'effet. Par exemple,
l'objet peut changer de couleur ou de taille, ou encore
se déplacer à une nouvelle position sur la diapositive. Si
vous cochez cette option, l'objet reprend ses propriétés
d'origine quand l'animation est terminée.

# Chapitre 11

# Masques et modèles

. . . . . . . . . . . . . . . . . . . . . . . . . . . . . . . . . . . . . . . .

*Dans ce chapitre :*

▶ Notions de base concernant les masques.

▶ Utiliser et modifier des masques.

▶ En-têtes et pieds de page.

▶ Retrouver des espaces réservés perdus.

▶ Créer des modèles.

. . . . . . . . . . . . . . . . . . . . . . . . . . . . . . . . . . . . . . . .

*L*es *masques* sont le meilleur moyen d'ajouter des éléments sur les diapositives d'une présentation. Inutile de procéder diapositive par diapositive. Vous ajoutez les éléments au masque, et vous les retrouvez sur toutes les diapositives qui lui sont associées. Si le masque est supprimé, les éléments disparaissent. Très convaincant, n'est-ce pas ?

## Travailler avec des masques

Dans PowerPoint, un masque régit l'apparence de l'ensemble des diapositives ou des pages d'une présentation. Chaque présentation dispose d'au moins trois masques :

✔ **Masque des diapositives :** Régit la mise en forme des diapositives.

✔ **Masque du document :** Contrôle l'aspect des documents imprimés pour votre auditoire.

✔ **Masque des pages de commentaires :** Détermine les caractéristiques d'impression des commentaires.

Chaque masque impose l'apparence du texte (police, taille et couleur, par exemple), la couleur d'arrière-plan de la diapositive, la mise en page des espaces réservés, et tout texte ou objet supplémentaire à faire apparaître sur chaque diapositive ou page.

Un aspect intéressant – et souvent utile – des masques est que tout élément placé dans le masque se trouve aussi dans chaque disposition associée à ce masque. Par exemple, si vous définissez une couleur d'arrière-plan dans le masque, celle-ci sera adoptée par toutes les mises en page. De même, si vous placez un grand rectangle bleu dans le coin supérieur gauche du masque, ce rectangle apparaîtra dans toutes les mises en page.

Il est cependant possible d'ajouter des éléments à une disposition en particulier. Ils ne se trouveront ainsi que dans cette dernière. Ce sera par exemple le cas d'éléments graphiques visibles uniquement dans la diapositive de titre. Choisissez ensuite les éléments qui n'apparaîtront que dans les diapositives utilisant la disposition Titre.

# Modifier le masque des diapositives

Si la mise en page de vos diapositives ne vous plaît pas, activez le masque des diapositives et procédez comme suit :

1. **Activez l'affichage en mode Masque en cliquant sur l'onglet Affichage, dans le Ruban, puis sur le bouton Masque des diapositives, dans le groupe Affichages des présentations.**

   Vous pouvez aussi maintenir la touche Maj enfoncée tout en cliquant sur le bouton Normal, en bas à droite de PowerPoint.

2. **Admirez le masque dans toute sa splendeur.**

   La Figure 11.1 montre un masque des diapositives type. Vous y voyez la délimitation de la réserve du titre et du texte courant. Bien qu'aucun ne soit visible dans cet exemple, le masque peut aussi contenir des couleurs

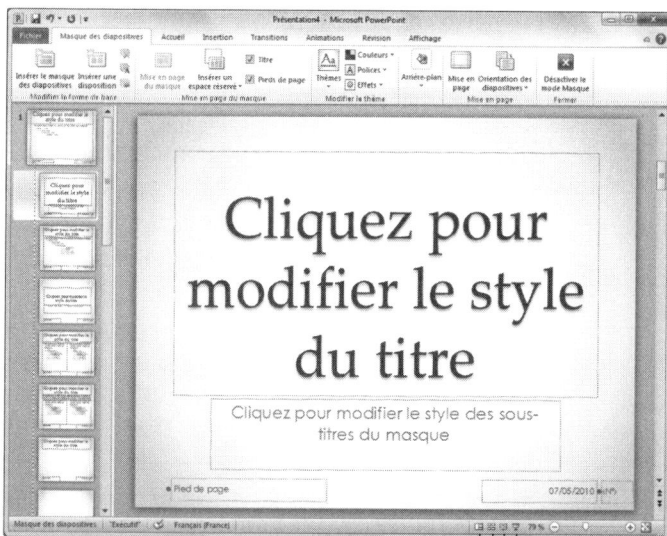

Figure 11.1 :
Le mode
Masque des
diapositives.

Normal | Diaporama

Mode Lecture

Trieuse de diapositives

d'arrière-plan et d'autres éléments qui seront visibles sur chaque diapositive.

En bas de la diapositive, un masque des diapositives comporte trois espaces réservés : l'un pour la date, l'autre pour le pied de page et le dernier pour le numéro de la diapositive. Ces trois zones sont décrites plus loin, dans la section "En-têtes et pieds de page".

Une miniature de tous les masques de titre et des diapositives est affichée dans le volet de gauche.

**3. Effectuez toutes les modifications de mise en forme désirées.**

Sélectionnez le texte auquel vous désirez appliquer un nouveau style et modifiez-en la mise en forme. Si vous souhaitez, par exemple, que les titres des diapositives soient en italique, sélectionnez le texte du titre et appuyez sur Ctrl+I, ou cliquez sur le bouton Italique, sous l'onglet Accueil.

Veillez que le masque des diapositives lui-même soit sélectionné, et non l'une de ses mises en page. Ainsi, toutes les modifications se répercuteront sur toutes les mises en page associées au masque des diapositives.

4. **(Facultatif) Pour ajouter des éléments spécifiquement à l'une des mises en page, sélectionnez-la puis effectuez les changements.**

   Vous pourriez par exemple ajouter des éléments graphiques supplémentaires, ou sélectionner une autre police pour les diapositives de titres. Pour ce faire, sélectionnez la disposition Diapositive de titre et procédez aux modifications.

5. **Cliquez sur le bouton Normal, en bas à droite de Power-Point, pour revenir à l'affichage normal des diapositives.**

   C'est terminé !

Remarquez que le corps du texte contient cinq niveaux de plan mis en forme avec des tailles de caractères différentes, des retraits et des styles de puces. Vous pouvez modifier la présentation d'un niveau de plan.

Vous pouvez saisir tout ce que vous souhaitez dans le titre ou les espaces réservés. Cependant, le texte n'apparaît pas sur les diapositives. Il n'est là que pour communiquer des informations sur la mise en forme des diapositives. Pour insérer du texte qui apparaisse sur chaque diapositive, lisez la section, "Ajouter du texte récurrent", un peu plus loin.

N'importe quel objet du masque peut être modifié en cliquant dessus. Contrairement aux espaces réservés du titre et de l'objet, tout texte saisi dans les autres objets du masque des diapositives apparaît sur chaque diapositive à l'endroit exact où vous le placez sur le masque.

# L'onglet Masque des diapositives

Quand vous activez l'affichage Masque des diapositives, un nouvel onglet, fort opportunément nommé Masques des diapositives, apparaît dans le Ruban (voir Figure 11.2).

Figure 11.2 :
L'onglet
Masque des
diapositives.

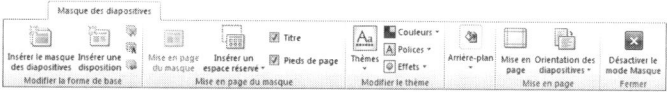

Tout au long de ce chapitre, vous apprendrez à utiliser les diverses commandes de cet onglet. En attendant, voici une brève présentation des groupes qui s'y trouvent :

✔ **Modifier la forme de base :** Les commandes de ce groupe permettent de modifier le masque des diapositives. Vous pouvez recourir au bouton Insérer le masque des diapositives afin de créer un nouveau masque, ou utiliser le bouton Insérer une disposition afin d'ajouter une nouvelle mise en page à un masque existant. Vous pouvez aussi cliquer sur les boutons Supprimer la diapositive et Renommer pour supprimer ou nommer différemment un masque ou une disposition.

✔ **Mise en page du masque :** Les commandes de ce groupe servent à modifier une mise en page ou une disposition en ajoutant ou ôtant des espaces réservés, le titre ou les éléments du pied de page.

✔ **Modifier le thème :** Les commandes servent à appliquer un thème à un masque ou à une disposition. Reportez-vous au Chapitre 9 pour en savoir plus sur les thèmes.

✔ **Arrière-plan :** L'unique commande de ce groupe – dont le nom n'est pas mentionné dans le Ruban – permet de définir l'arrière-plan d'un masque ou d'une disposition. Référez-vous au Chapitre 9 pour en savoir plus.

✔ **Mise en page :** Les commandes servent à modifier l'orientation d'une page. PowerPoint n'autorise malheureusement pas l'usage de masques différemment orientés dans une même présentation. Quand vous modifiez celle d'un masque ou d'une disposition, toutes les autres sont aussi modifiées.

✔ **Fermer :** L'unique bouton de ce groupe réactive l'affichage Normal. L'onglet Masque des diapositives disparaît du Ruban.

## Ajouter du texte récurrent

Procédez comme suit pour ajouter un texte revenant sur chaque diapositive :

1. **Appelez le mode Masque des diapositives en cliquant sur Masque des diapositives, dans le groupe Affichages des présentations de l'onglet Affichage.**

2. **Ajoutez une zone de texte dans le masque en sélectionnant l'onglet Insertion et en cliquant ensuite sur le bouton Zone de texte, dans le groupe Texte.**

   C'est dans cet objet que vous placerez le texte.

3. **Saisissez le texte à faire apparaître sur chaque diapositive.**

   Par exemple : **Appelez dès maintenant le 00-1 800 555 ! Ne lambinez pas ! Les opérateurs piaffent d'impatience !**

4. **Mettez le texte en forme.**

   Par exemple, pour mettre le texte en gras, appuyez sur Ctrl+G ou cliquez sur le bouton Gras, sous l'onglet Accueil.

5. **Cliquez sur le bouton Mode Normal pour revenir à votre présentation.**

   C'est le moment de faire preuve d'autosatisfaction : rameutez les collègues et montrez-leur comment un texte apparaît sur chacune des diapositives de la présentation (qui a dit "bof" ?).

Vous pouvez ajouter d'autres types d'objets au masque des diapositives, comme des cliparts, des photos, voire un clip audio ou visuel. Tout ce que vous pouvez ajouter à une diapositive normale peut l'être à un masque de diapositive.

Après avoir placé un objet sur le masque des diapositives, il peut être déplacé à la souris et redimensionné. L'objet sera toujours affiché au même emplacement et à une taille identique sur chaque diapositive.

Pour supprimer un objet du masque des diapositives, cliquez dessus et appuyez sur la touche Suppr. Pour supprimer un objet textuel, vous devez d'abord cliquer sur l'objet puis sur son cadre. Appuyez ensuite sur la touche Suppr.

## Appliquer des thèmes à vos masques

Vous pouvez utiliser les commandes du groupe Modifier le thème, sous l'onglet Masque des diapositives, pour changer le thème appliqué à un masque des diapositives. ***Remarque :*** Toutes les mises en page appartenant à un masque donné utilisent le même thème. De ce fait, peu importe que le masque des diapositives lui-même ou d'une de ses mises en page soit sélectionné lorsque vous changez de thème. Dans les deux cas, c'est le masque des diapositives tout entier qui est changé.

Voici comment procéder pour changer un thème :

1. **Choisissez Affichage/Affichages des présentations/ Masque des diapositives, ou maintenez la touche Maj enfoncée et cliquez sur le bouton Normal, en bas à droite de PowerPoint.**

2. **Sous l'onglet Masque des diapositives, déroulez le menu du bouton Thèmes et sélectionnez celui que vous voulez.**

3. **(Facultatif) Utilisez les commandes Couleurs, Polices et Effets afin de configurer l'apparence à votre convenance.**

Reportez-vous au Chapitre 9 pour en savoir davantage sur ce vaste et important sujet que sont les thèmes.

Pour ne configurer que le fond des diapositives, choisissez la commande Arrière-plan.

## Ajouter une nouvelle disposition

Si les dispositions qui accompagnent les masques de diapositives de PowerPoint ne vous conviennent pas, créez-les vous-même en procédant comme suit :

1. **Sous l'onglet Affichage, dans le groupe Affichages des présentations, cliquez sur le bouton Masque des diapositives. Ou alors, touche Maj enfoncée, cliquez sur le bouton Normal, en bas à droite de PowerPoint.**

2. **Sous l'onglet Masque des diapositives, dans le groupe Modifier la forme de base, cliquez sur Insérer une disposition.**

   Une nouvelle disposition vierge est insérée dans le masque des diapositives courant.

3. **Dans le groupe Mise en page du masque, déroulez la liste Insérer un espace réservé.**

   Cette commande contient une liste d'espaces réservés. Les options ont pour nom Contenu, Texte, Image, Graphique, Table, SmartArt, Support et Images clipart.

4. **Arrangez la disposition à votre convenance.**

   Les espaces réservés peuvent être déplacés et redimensionnés. Ils peuvent aussi recevoir des mises en forme et d'autres options de mise en page.

5. **Cliquez ensuite sur le bouton Fermer pour revenir à l'affichage Normal.**

# Modifier le masque du document et le masque des pages de commentaires

À l'instar du masque des diapositives, les masques du document et des pages de commentaires contiennent des informations de mise en page qui s'appliquent automatiquement à votre présentation. Cette section indique comment les modifier.

# Modifier le masque du document

Voici comment modifier le masque du document :

1. **Sous l'onglet Affichage, dans le groupe Modes Masque, cliquez sur Masque du document. Ou alors maintenez la touche Maj enfoncée et cliquez sur le bouton Mode Trieuse de diapositives.**

   Le masque du document apparaît, comme sur la Figure 11.3. Remarquez l'onglet Masque du document qui vient d'apparaître sur le Ruban.

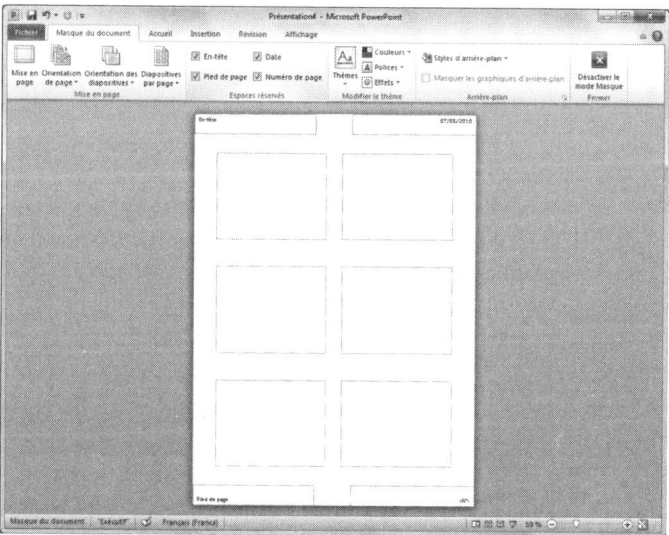

Figure 11.3 :
Le masque
du document
et son onglet
spécial.

2. **Etudiez le masque du document.**

   Le masque du document présente la disposition des diapositives sur le document que vous remettrez éventuellement à votre auditoire. Vous pouvez imprimer deux, trois, quatre, six et neuf diapositives par page. Vous pouvez passer de l'une à l'autre de ces dispositions en déroulant le menu du bouton Diapositives par page, dans le groupe Mise en page.

Il n'est malheureusement pas possible de déplacer, redimensionner ou supprimer la diapositive et les espaces réservés qui apparaissent sur le masque du document. En revanche, vous pouvez ajouter ou modifier des éléments devant apparaître sur chaque page du document, comme votre nom et votre numéro de téléphone, voire une plaisanterie bien saignante.

3. **Cliquez sur le bouton Désactiver le mode Masque, dans le groupe Fermer de l'onglet Masque du document.**

PowerPoint revient au mode Normal.

4. **Imprimez le document afin de vérifier si les modifications sont prises en compte.**

Les éléments du masque du document ne sont pas visibles tant qu'ils ne sont pas sortis sur papier. C'est pourquoi vous devez imprimer au moins une page pour apprécier vos modifications.

Quand vous imprimez des pages de document, les diapositives sont mises en forme selon le masque des diapositives. L'apparence des diapositives ne peut pas être modifiée depuis le masque du document.

## Modifier le masque des pages de commentaires

Les pages de commentaires – appelées "pages de notes" dans le ruban Affichage, ce qui revient du pareil au même – sont une image réduite de la diapositive, accompagnée des commentaires que vous avez saisis dessous. Pour plus d'informations sur la création et l'utilisation des pages de commentaires, reportez-vous au Chapitre 5.

À l'impression, les pages de commentaires sont mises en forme selon le masque des pages de notes. Pour le modifier :

1. **Choisissez Affichage/Modes Masque/Masque des pages de notes.**

Le masque des pages de notes apparaît, comme illustré sur la Figure 11.4.

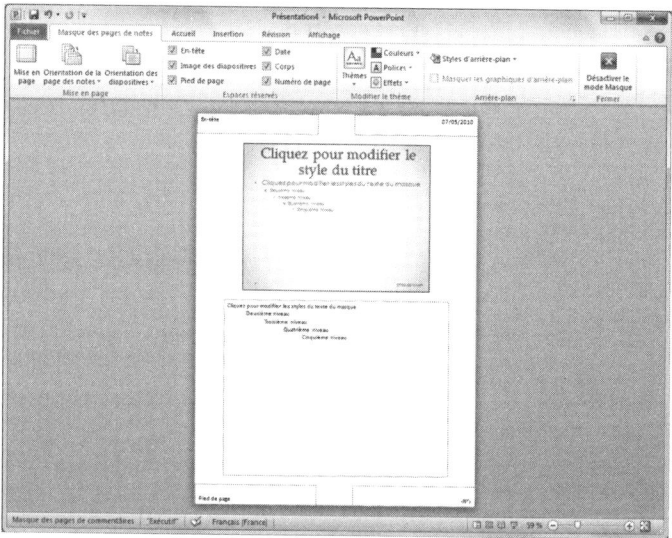

Figure 11.4 :
Le masque
des pages de
notes.

## 2. Mettez-le en page comme vous l'entendez.

Le masque des pages de notes contient deux espaces réservés : l'un pour la diapositive, l'autre pour le texte des commentaires. Vous pouvez déplacer ou modifier la taille des objets, mais aussi modifier la mise en forme du texte présent dans les espaces réservés des commentaires. Il est aussi possible d'ajouter ou de modifier des éléments devant apparaître sur chaque page du document. Remarquez également les emplacements de l'en-tête, du pied de page et des numéros de page.

## 3. Cliquez sur le bouton Désactiver le mode Masque, dans le groupe Fermer.

PowerPoint revient au mode Normal.

## 4. Imprimez les commentaires pour voir si tout a bien été pris en compte.

**TRUC**

Pensez à numéroter les pages de commentaires. Autrement, si la pile de pages venait à tomber ou à s'envoler, je vous souhaiterais bien du plaisir pour la remettre en ordre.

# Utiliser des masques

Vous n'avez rien à faire de spécial pour appliquer des mises en forme depuis un masque. Toutes les diapositives adoptent automatiquement le format défini dans le masque, sauf stipulation contraire.

## Outrepasser le style du texte du masque

Pour passer outre le style du texte spécifié par le masque des diapositives ou du titre, contentez-vous de mettre le texte en forme à partir du mode Normal. Le format ne s'applique qu'au texte sélectionné. Le masque des diapositives et celui du titre ne sont pas affectés.

La seule manière de modifier le style d'un masque est de basculer en mode d'affichage Masque. Dans ce cas, les modifications s'appliquent à toutes les diapositives.

Quand vous modifiez la mise en page et le formatage des éléments textuels de la diapositive – par exemple, lorsque vous déplacez l'espace réservé du titre ou modifiez la police de ce dernier – et si vous estimez que c'était mieux auparavant, vous pouvez appliquer rapidement le style du texte depuis le masque des diapositives : Cliquez du bouton droit dans le volet Diapositives, à gauche de PowerPoint, et dans le menu contextuel, choisissez Réinitialiser la diapositive.

## Masquer des objets d'arrière-plan

Le masque des diapositives permet d'ajouter des objets d'arrière-plan qui apparaissent sur chaque diapositive de la présentation. Il est toutefois possible de cacher les objets d'arrière-plan des diapositives sélectionnées. Vous pouvez également modifier la couleur d'arrière-plan ou les effets appliqués à telle ou telle diapositive. Voici comment procéder :

1. **Affichez la diapositive à laquelle vous désirez appliquer un arrière-plan uni.**

2. **Cliquez sur l'onglet Création, dans le Ruban, puis, dans le groupe Arrière-plan, cochez la case Masquer les graphiques d'arrière-plan.**

Le masquage des objets d'arrière-plan ou la modification de la couleur d'arrière-plan ne s'appliquent qu'à la diapositive courante. Les autres ne sont pas affectées.

Pour supprimer certains objets d'arrière-plan, mais pas tous, essayez ceci :

1. **Masquez le graphisme utilisé comme arrière-plan.**

   Pour masquer un objet d'arrière-plan, choisissez Conception/Arrière-plan/Masquer les graphiques d'arrière-plan.

2. **Activez le masque des diapositives en choisissant Affichage/Affichages des présentations/Masque des diapositives.**

3. **La touche Maj enfoncée, cliquez sur chaque objet d'arrière-plan devant rester visible.**

4. **Appuyez sur Ctrl+C pour copier ces objets dans le Presse-papiers.**

5. **Cliquez sur le bouton Normal, en bas à droite de Power-Point, pour rétablir l'affichage Normal.**

6. **Appuyez sur Ctrl+V pour coller les objets présents dans le Presse-papiers.**

7. **Si des objets occultent d'autres éléments ou objets, cliquez sur l'onglet Outils de dessin, au-dessus du Ruban, puis, dans le groupe Organiser, cliquez sur Mettre à l'arrière-plan.**

Remarquez qu'en collant des objets de cette manière, ces derniers ne sont plus liés au masque des diapositives. De ce fait, si par la suite vous changez les objets dans le masque des diapositives, ces modifications ne seront pas répercutées sur les diapositives dans lesquelles les copies des objets ont été collées.

# En-têtes et pieds de page

Les en-têtes et les pieds de page permettent de répéter du texte en haut et en bas de chaque diapositive, document ou page de commentaires. Vous pouvez également y faire figurer l'heure et la date, le numéro de la diapositive, de la page, ou toute autre information devant apparaître sur chaque diapositive ou page, comme votre nom, ou encore le titre de la présentation.

Le masque des diapositives de PowerPoint est doté de trois espaces réservés pour ces informations :

- ✔ La **Zone de date** utilisable pour afficher la date et l'heure.

- ✔ La **Zone de numérotation** destinée à afficher le numéro de la diapositive.

- ✔ La **Zone de pied de page** pour afficher n'importe quel texte devant figurer sur chaque diapositive.

Le masque du document et le masque des pages de commentaires comportent un quatrième espace réservé, la *Zone d'entête*, qui fournit une zone supplémentaire de texte à afficher sur chaque page.

Bien que les zones de date, de numéro et de pied de page apparaissent en bas de la diapositive, vous pouvez les repositionner à n'importe quel endroit du masque. Il suffit de les faire glisser avec le pointeur de la souris jusqu'à l'emplacement désiré.

## Ajouter une date, un numéro ou un pied de page

Procédez comme suit pour ajouter une date, un numéro de diapositive ou un pied de page à vos diapositives :

1. **Sous l'onglet Insertion, dans le groupe Texte, cliquez sur le bouton En-tête et pied de page.**

   La boîte de dialogue de la Figure 11.5 apparaît. (Si nécessaire, cliquez sur l'onglet Diapositive pour accéder aux options de pied de page, comme sur l'illustration.)

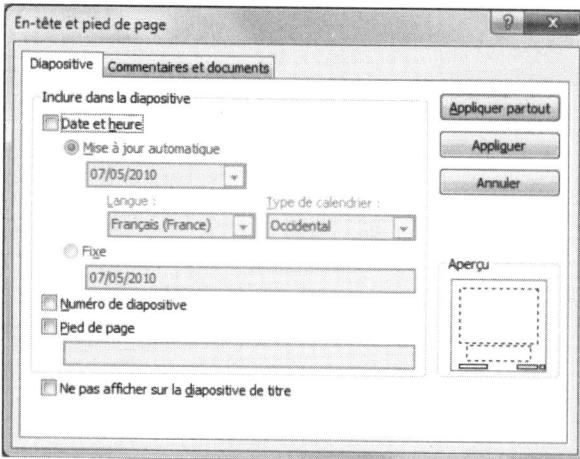

Figure 11.5 :
La boîte de
dialogue En-
tête et pied
de page.

2. **Pour afficher la date, cochez la case Date et heure. Sélectionnez ensuite le format de date dans la liste située
sous l'option Mise à jour automatiquement.**

Ou alors sélectionnez l'option Fixe et tapez n'importe
quel texte à faire figurer dans la zone de date du masque
des diapositives.

3. **Pour numéroter les diapositives, cochez la case Numéro
de diapositive.**

4. **Pour afficher un pied de page sur chaque diapositive,
cochez la case du même nom, puis saisissez le contenu
du pied de page dans le champ situé en dessous.**

Par exemple, vous pouvez saisir votre nom, celui de votre
société, un message subliminal ou le nom de votre présentation.

5. **Pour faire apparaître la date, le numéro et le pied de
page sur chaque diapositive sauf sur celle de titre, cochez la case Ne pas afficher sur la diapositive de titre.**

6. **Cliquez sur Appliquer partout.**

Si le diaporama doit être présenté à une date précise, saisissez-
la directement dans le champ Fixe. Vous pouvez utiliser cette
technique pour antidater les présentations, ce qui constituera

un superbe alibi en cas de problème avec la police (ou avec votre conjoint).

Pour modifier les zones de pied de page d'une diapositive, cliquez sur Appliquer au lieu de Appliquer partout. Cette option est commode pour les quelques diapositives contenant un graphisme ou un bloc de texte qui empiète sur la zone du pied de page. Il est très facile de supprimer l'affichage du pied de page dans ces diapositives pour gagner de la place.

## Ajouter un en-tête ou un pied de page aux commentaires et aux documents

Pour ajouter des en-têtes et des pieds de page aux pages de commentaires et de documents, suivez les étapes de la section ci-avant, "Ajouter une date, un numéro ou un pied de page aux diapositives". Sauf que, cette fois, dans la boîte de dialogue de la Figure 11.5, vous cliquerez sur l'onglet Commentaires et documents. Vous accéderez ainsi à des options propres aux en-têtes et aux pieds de page des commentaires et des documents. Les options définies, cliquez sur Appliquer ou Appliquer partout.

## Modifier directement les espaces réservés d'en-tête et de pied de page

Vous pouvez modifier le texte qui apparaît dans les espaces réservés d'en-tête et de pied de page. Commencez par afficher le masque approprié – des diapositives, de titre, du document ou des pages de commentaires. Cliquez ensuite sur l'espace réservé de date, du numéro, de pied de page ou d'en-tête, et commencez à saisir votre texte.

Notez que les espaces réservés comportent des codes spéciaux définis dans la boîte de dialogue En-tête et pied de page. Par exemple, l'espace réservé Date peut contenir le texte *<date/heure>* si vous indiquez que la date doit être affichée. Vous pouvez saisir le texte avant ou après ces codes, mais vous ne devez surtout pas toucher auxdits codes.

# Oui, vous pouvez utiliser deux masques

Les concepteurs de PowerPoint ont eu la bonne idée de faire en sorte qu'il soit possible d'utiliser plusieurs masques de diapositives dans une même présentation.

Les sections suivantes expliquent comment utiliser plusieurs masques.

## Créer un nouveau masque des diapositives

Pour ajouter un nouveau masque à une présentation :

1. **Activez l'affichage Masque des diapositives.**

   Sous l'onglet Affichage, cliquez sur le bouton Masque des diapositives (il se trouve dans le groupe Affichages des présentations). Ou, si vous préférez, touche Maj enfoncée, cliquez sur le bouton Normal, en bas à droite de PowerPoint.

2. **Sous l'onglet Masque des diapositives, dans le groupe Modifier la forme de base, cliquez sur le bouton Insérer le masque des diapositives.**

   Un nouveau masque des diapositives apparaît, comme sur la Figure 11.6. Remarquez la miniature de ce masque dans le volet de gauche, et le fait qu'il utilise les paramètres par défaut de PowerPoint (arrière-plan blanc, texte noir...).

3. **Modifiez le nouveau masque des diapositives.**

   Vous pouvez appliquer n'importe quelle mise en forme : modification de la couleur d'arrière-plan, ajout d'objets, etc.

4. **Cliquez sur le bouton Désactiver le mode Masque, dans le groupe Fermer, pour revenir à l'affichage Normal.**

   Le nouveau masque ainsi créé est à présent utilisable.

Une autre manière de créer un nouveau masque des diapositives consiste à dupliquer un masque existant. En procédant ainsi, le nouveau masque des diapositives hérite des para-

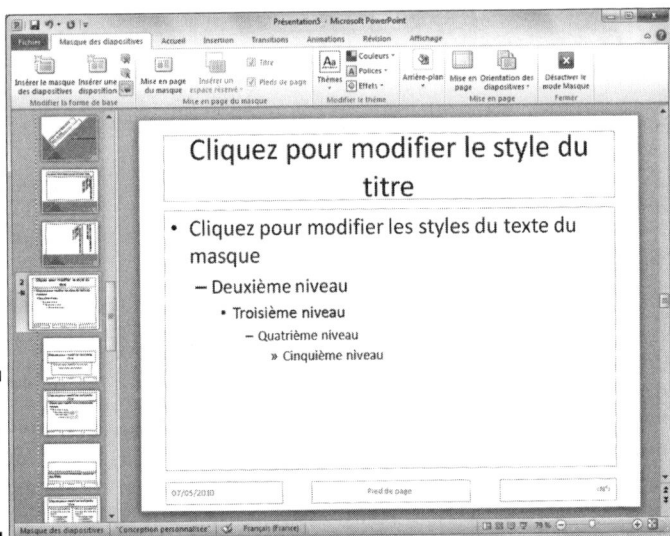

Figure 11.6 :
Création d'un
nouveau
masque des
diapositives.

mètres de l'original. Cela fait gagner énormément de temps,
surtout quand le nouveau masque doit contenir des modifications mineures, une autre couleur d'arrière-plan par exemple.

Pour dupliquer un masque des diapositives, cliquez sur la
miniature du masque à dupliquer et appuyez sur Ctrl+D ou
choisissez Edition/Dupliquer.

Pour supprimer un masque des diapositives, cliquez sur sa
miniature et appuyez sur la touche Suppr. Ou alors cliquez sur
le bouton Supprimer la diapositive, dans le groupe Modifier la
forme de base, sous l'onglet Masque des diapositives.

## Appliquer des masques

Si vous avez créé plusieurs masques dans une présentation,
vous pourrez sélectionner celui à utiliser par chaque diapositive. Voici comment appliquer un masque à une ou plusieurs
diapositives :

1. **Sélectionnez la ou les diapositives auxquelles vous désirez appliquer un masque des diapositives.**

Cliquez sur la miniature de la diapositive concernée. Pour en sélectionner plusieurs, maintenez la touche Ctrl enfoncée tout en cliquant sur les diapositives.

2. **Sous l'onglet Accueil, dans le groupe Diapositives, cliquez sur le bouton Dispositions.**

   Cette action ouvre la palette que montre la Figure 11.7. C'est là que vous trouvez les dispositions pour tous les masques de diapositives de la présentation.

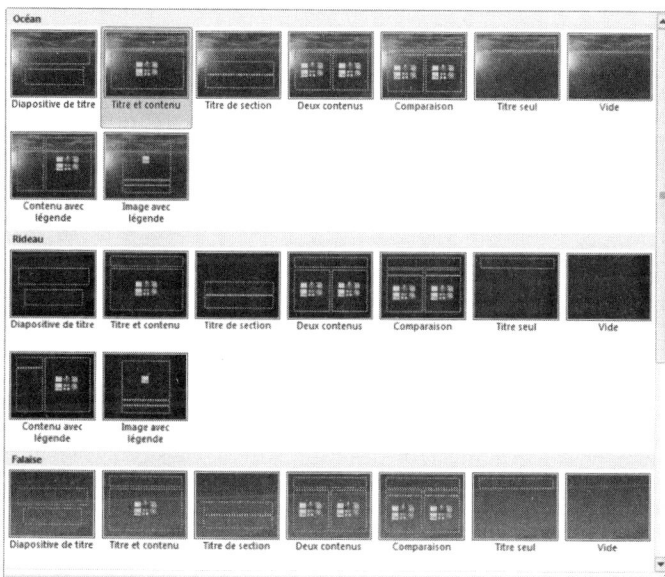

Figure 11.7 :
Choisissez
une disposition.

3. **Sélectionnez la disposition de masque des diapositives à appliquer aux diapositives sélectionnées.**

   Le masque des diapositives est appliqué aux diapositives sélectionnées.

## Conserver les masques

PowerPoint a la regrettable manie de supprimer les masques de diapositives lorsqu'ils ne sont plus utilisés dans la présentation. Par exemple, si vous en avez créé un et que vous l'avez appliqué à toutes les diapositives de la présentation, Power-Point présume que vous n'avez plus besoin du masque de diapositives original. Ce dernier est donc éliminé.

Vous pouvez éviter cela avec l'option Conserver. Elle est appliquée à tout nouveau masque de diapositive créé automatiquement, qui sera ainsi préservé de la suppression. Mais si cette option n'est pas active sur l'un de vos masques, vous devrez l'activer vous-même.

Pour conserver un masque, activez l'affichage Masque des diapositives, cliquez sur la miniature du calque à préserver, puis cliquez sur le bouton Conserver, dans le groupe Modifier la forme de base, sous l'onglet Masque des diapositives.

TRUC

Ne cliquez pas inconsidérément sur le bouton Conserver. Si vous le faites pour un masque auquel cette option a déjà été appliquée, l'option est annulée, ce qui expose le masque à une suppression intempestive.

## *Restaurer des espaces réservés perdus*

Si vous avez beaucoup manipulé le contenu des masques, c'est peut-être au détriment de la mise en page des espaces réservés. Si vous supprimez par inadvertance celui d'un pied de page du masque des diapositives, vous pouvez le restaurer en procédant ainsi :

1. **Activez l'affichage du masque des diapositives.**

2. **Activez le masque où manque l'espace réservé.**

3. **Sous l'onglet Masque des diapositives, dans le groupe Mise en page du masque, cliquez sur le bouton Mise en page du masque.**

   Vous accédez à la boîte de dialogue Mise en page du masque (Figure 11.8).

   Dans la boîte de dialogue Mise en page du masque, les espaces réservés en grisé sont ceux actuellement présents dans le masque. Seules les cases des espaces réservés supprimés sont accessibles (c'est le cas de Pied de page, dans la Figure 11.8).

Figure 11.8 :
La boîte de
dialogue
Mise en page
du masque.

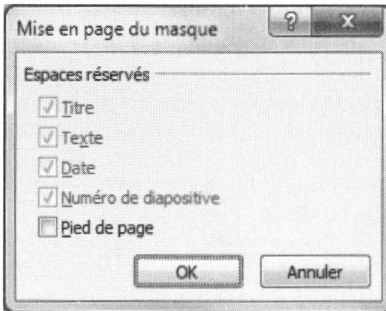

**4. Cochez la ou les cases des espaces réservés à restaurer.**

**5. Cliquez sur OK.**

Le ou les espaces réservés réapparaissent.

Notez que cette procédure ne fonctionne qu'avec de véritables masques, et non pour les mises en page normales. Quand vous supprimez un espace réservé conventionnel, vous devez le recréer en cliquant sur la commande Insérer un espace réservé, comme expliqué précédemment dans ce chapitre.

## Les modèles

Si vous deviez créer toutes les présentations à partir d'une diapositive vierge, vous vous lasseriez très vite de travailler avec PowerPoint. Créer une présentation est facile, mais en créer une qui soit graphiquement réussie est une autre paire de manches. C'est ardu, même pour quelqu'un qui a des dispositions artistiques. Et pour quelqu'un qui n'est pas très doué, c'est quasiment mission impossible.

Il existe heureusement les *modèles*. Un *modèle* est un fichier de présentation PowerPoint doté de masques de diapositives prédéfinis et de texte de placement (du "texte bidon", en jargon de graphiste). Les modèles dispensent de toute la phase de conception et de création. Vous pouvez certes créer vos propres modèles, mais il se trouve que PowerPoint en contient un grand nombre, conçus par des graphistes professionnels connaissant toutes les ficelles du métier.

Les fichiers des modèles ont une extension spéciale, `.potx`, mais vous pouvez aussi utiliser un fichier de présentation ordinaire (`.ppt`) comme modèle. De ce fait, n'importe laquelle de vos présentations peut devenir un modèle. Il suffit pour cela de l'enregistrer avec l'extension de fichier `.potx`.

Un modèle étant avant tout une présentation, vous pouvez l'ouvrir et le modifier à votre guise.

## Créer une présentation basée sur un modèle

Pour créer une nouvelle présentation à partir d'un modèle, cliquez sur l'onglet Fichier puis, dans le volet de gauche du Backstage, sur l'option Nouveau. Cliquez ensuite sur l'icône Exemples de modèles ; vous accédez ainsi à ceux que montre la Figure 11.9.

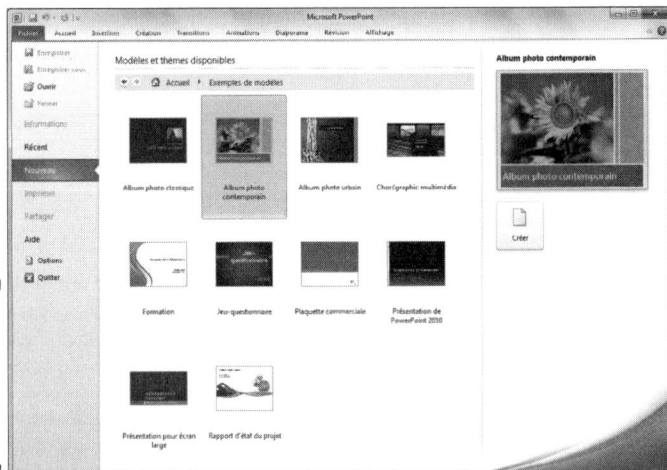

Figure 11.9 : PowerPoint contient de nombreux modèles prédéfinis.

Pour créer une présentation basée sur l'un de ces modèles, cliquez simplement dessus puis sur le bouton Créer.

Une autre manière de créer une nouvelle présentation grâce à un modèle consiste à cliquer sur l'une des catégories répertoriées sous Modèle Office.com. Vous accéderez ainsi à des ensembles de modèles fréquemment changés, téléchargeables depuis le site Web de Microsoft.

# Créer un nouveau modèle

Pour créer un nouveau modèle, il suffit de définir une présentation avec ses masques et thèmes. Ensuite, vous enregistrez cette présentation en tant que modèle. Voici quelques points à retenir concernant les modèles :

✔ Pour procéder à des modifications mineures sur un des modèles fournis par PowerPoint, ouvrez-le avec la commande Ouvrir. Enregistrez-le immédiatement avec la commande Enregistrer sous, en sélectionnant le type de fichier .potx et en n'oubliant pas de nommer le modèle.

✔ Vous pouvez aussi créer vos propres modèles de présentation, complets avec des ébauches de diapositives, et autant de diapositives que vous le désirez.

# Troisième partie

# Des présentations présentables

## Dans cette partie...

*I*l est notoirement connu que les Californiens fréquentent les cliniques de chirurgie esthétique autant qu'ils se plaignent de leurs factures. Ce chapitre est consacré à l'esthétique de vos présentations. Vous découvrirez comment tartiner des cliparts, lifter un clipart un peu ramollo, dégraisser un graphique et charcuter dans les médias.

# Chapitre 12

# Insérer des images
# et des cliparts

*Dans ce chapitre :*

▶ Trouver l'image qui vous plaît.

▶ Déplacer, redimensionner, recadrer et étirer des images.

▶ Ajouter des effets spéciaux comme un cadre, un arrière-plan ou une
ombre à une image.

▶ Transformer des photos en dessins.

▶ Compresser les photos pour obtenir un fichier moins volumineux.

*R*egardons les choses en face : la plupart d'entre nous
n'ont aucune disposition artistique. Inutile de compter
sur les manipulations génétiques pour nous inoculer des
cellules qui, un jour, feront de nous le Michel-Ange des diapositives.

Alors, contentons-nous des cliparts, des images glanées sur
l'Internet, des photos que nous avons prises avec un appareil
photo numérique ou des images numérisées avec un scanner.

## Les différents types d'images

Le monde de l'imagerie numérique regorge de formats de
fichier. PowerPoint accepte heureusement les plus connus.
Les sections suivantes montrent les différences essentielles
qui existent entre les deux types majeurs d'images : bitmap et
vectorielles.

## *Les images bitmap*

Une *image bitmap* – ou plus exactement "point à point", mais
cette traduction ne s'est jamais imposée – est un ensemble de
petits points dont la juxtaposition compose une image. Vous
pouvez créer des images bitmap à l'aide d'un appareil photo
numérique, d'un scanner ou avec un logiciel comme Paint, qui
est livré avec Windows.

Les points qui constituent une image bitmap sont des *pixels*.
Leur nombre dépend de deux facteurs : la résolution et la taille
de l'image. La *résolution* se réfère aux nombres de pixels par
pouce. La plupart des moniteurs – et des projecteurs – affichent 72 pixels par pouce linéaire. Si l'image est destinée à
être imprimée, la résolution doit être beaucoup plus élevée, de
l'ordre de 200 à 300 pixels.

Les extensions principales des fichiers d'image bitmap sont
`.bmp`, `.gif`, `.jpg`, `.png` ou `.tif`, mais il en existe des dizaines
d'autres. Le Tableau 12.1 recense les formats de fichier bitmap
reconnus par PowerPoint.

**Tableau 12.1 : Les formats de fichier bitmap reconnus par PowerPoint.**

| Format | Description |
| --- | --- |
| BMP | Format de fichier natif des images bitmap sous Windows. Il est utilisé par des programmes comme Paint, livré avec le système d'exploitation Windows, et par d'autres logiciels. |
| GIF | Communément utilisé pour afficher des dessins sur l'Internet, il se caracté-rise par un nombre de couleurs réduit : 256 seulement. En revanche, il peut être animé et gère la transparence. |
| JPG | Un format classique pour la photographie, susceptible d'être fortement compressé, mais au prix d'une dégradation de la qualité. |
| PCD | Format CD Photo développé par Kodak pour la numérisation des diaposi-tives, des négatifs et des tirages. |
| PCT | Format de fichier natif des images bitmap du Mac. |
| PCX | Concurrent du format BMP, de moins en moins utilisé. |
| PNG | Format d'image utilisé sur l'Internet qui cumule les propriétés des images GIF (transparence) et JPG (16,7 millions de couleurs). |

| Format | Description |
|---|---|
| TGA | Format de fichier utilisé en imagerie professionnelle. |
| TIFF | Format de fichier produit par les scanners et les appareils photo numériques haut de gamme. Très apprécié des professionnels de l'imagerie. |

## Les images vectorielles

Les images vectorielles constituent l'autre catégorie d'images utilisables dans PowerPoint. Dans un fichier vectoriel, l'image n'est plus représentée par une juxtaposition de points, mais par une formule mathématique. De ce fait, l'image occupe beaucoup moins de place en mémoire, et surtout elle peut être dimensionnée et déformée sans aucune perte de qualité. L'imagerie vectorielle est parfaitement adaptée au dessin, alors que l'imagerie bitmap est adaptée à la photographie. Les dessins vectoriels sont créés à l'aide de logiciels comme Adobe Illustrator.

PowerPoint reconnaît la plupart des formats de fichier d'image vectorielle, comme le révèle le Tableau 12.2.

**Tableau 12.2 : Les formats de fichiers vectoriels supportés par PowerPoint.**

| Format | Description |
|---|---|
| CDR | Format du logiciel de dessin vectoriel et de mise en page CorelDRAW!, très répandu dans l'univers PC. |
| CGM | Computer Graphics Metafile. |
| DRW | Format natif de Micrografx Designer ou Micrografx Draw, deux logiciels de dessin technique très connus des professionnels. |
| EMF | Enhanced Windows Metafile. |
| EPS | Format utilisé par les professionnels de la mise en page et de l'imprimerie. |
| WMF | Format reconnu par la majorité des programmes. |
| WPG | Format des graphismes produits par le traitement de texte WordPerfect. |

# *Utiliser des images clipart*

Que vous ayez acheté PowerPoint seul ou avec la suite Micro-soft Office, vous disposez de milliers d'images, sons et clips d'animation susceptibles d'être insérés dans vos présentations.

L'accès aux cliparts – autrement dit à des images prédéfinies – s'effectue au travers du volet Images clipart, où vous pouvez les rechercher par mots-clés. Le volet Images clipart facilite considérablement l'embellissement de vos présentations.

La première fois que vous accédez aux cliparts, PowerPoint lance la Bibliothèque multimédia Microsoft. Elle recherche toutes les images présentes sur vos lecteurs et crée un catalogue complet. Je vous suggère de lui laisser faire cette collecte d'images, car vous aurez accès aux fichiers clipart de Power-Point et à vos images personnelles.

En plus des images, PowerPoint accepte aussi les clips audio et vidéo. Reportez-vous au Chapitre 16 pour en savoir plus.

# *Insérer des cliparts*

Ces étapes expliquent comment insérer un clipart dans une présentation :

1. **Affichez la diapositive dans laquelle vous souhaitez insérer le clipart.**

   Pour que le même clipart apparaisse sur chaque diaposi-tive, vous devez afficher un masque de diapositives.

2. **Choisissez le ruban Insertion puis, dans le groupe Images, cliquez sur Images clipart.**

   Le volet Images clipart apparaît, comme le montre la Figure 12.1.

3. **Tapez un mot-clé dans le champ Rechercher, puis cli-quez sur le bouton OK.**

   Par exemple, pour trouver des images pour illustrer la no-tion de bureau, tapez **Bureau** dans le champ Rechercher, puis cliquez sur le bouton OK.

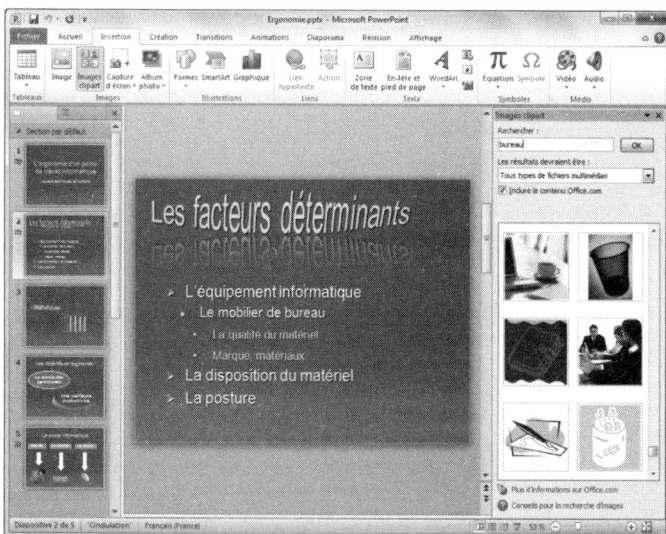

Figure 12.1 :
Le volet
Images cli-
part apparaît
à droite de la
diapositive.

PowerPoint effectue une recherche dans la Bibliothèque
multimédia Microsoft, puis il affiche toutes les images sur
le thème du trombone.

**4. Double-cliquez sur l'image à utiliser.**

L'image est insérée dans la diapositive en cours, comme
le montre la Figure 12.2. Remarquez l'onglet Outils
d'image (au-dessus de l'onglet Format) et ses outils de
correction de l'image. Il est affiché chaque fois qu'une
image est sélectionnée.

**5. Après avoir inséré les cliparts, cliquez sur le bouton de
fermeture (le "X" en haut à droite du volet) pour fermer
le volet Images clipart.**

Le volet Office se ferme.

**Vous devrez très certainement déplacer l'image et
modifier sa taille. Pour cela, lisez la prochaine section,
"Déplacer, redimensionner et étirer un clipart".**

Figure 12.2 :
Double-cli-
quez sur un
clipart pour
l'insérer dans
la diapositive.

# *Déplacer, redimensionner et étirer un clipart*

Puisque PowerPoint place le clipart un peu n'importe où dans la diapositive, vous devrez sans doute le repositionner, voire le redimensionner.

Procédez comme suit pour placer le clipart où bon vous semble :

1. **Remarquez les huit poignées. Cliquez sur l'une d'elles et tirez pour redimensionner l'image.**

   Vous pouvez cliquer et faire glisser n'importe quelle poignée pour régler la taille de l'image. Les proportions de l'image ne changent pas. En revanche, si vous tirez une poignée latérale, vous déformez l'image (étirement ou compression).

Quand vous redimensionnez une image, elle change de position dans la diapositive. Vous devez donc la repositionner. En maintenant la touche Ctrl enfoncée pendant que vous tirez une poignée, l'image reste ancrée. Vous n'aurez ainsi certainement pas besoin de la repositionner après le redimensionnement.

2. **Cliquez sur l'image et, bouton de la souris enfoncée, faites-la glisser jusqu'à l'emplacement désiré.**

Étirer ou comprimer une image clipart en agissant sur l'une de ses poignées latérales modifie les proportions, donc son apparence. Vous obtenez ainsi un effet d'anamorphose.

# Insérer un fichier d'image

PowerPoint permet d'insérer des images stockées ailleurs que dans la Bibliothèque multimédia. Voici comment procéder :

1. **Affichez la diapositive dans laquelle vous désirez placer une image.**

2. **Sous l'onglet Insertion, dans le groupe Images, cliquez sur le bouton Image.**

Vous accédez à la boîte de dialogue de la Figure 12.3.

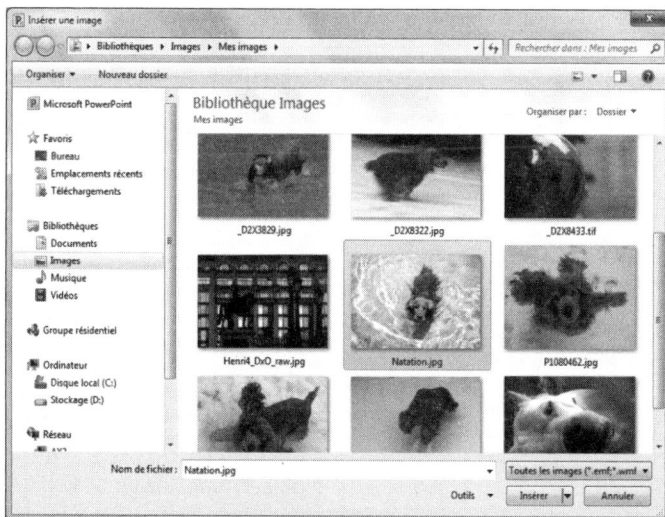

Figure 12.3 :
La boîte de
dialogue
Insérer une
image.

3. **Fouillez dans les profondeurs du disque dur pour trouver le fichier à insérer.**

L'image peut se trouver n'importe où. Heureusement, la boîte de dialogue Insérer une image possède toutes les commandes nécessaires pour localiser exactement l'image recherchée. Cliquez sur une des icônes situées à gauche de la boîte de dialogue ou dans la liste Regarder dans.

4. **Cliquez sur le fichier voulu, puis sur Insérer (ou double-cliquez sur le fichier).**

C'est fait ! La Figure 12.4 montre une image insérée dans une diapositive. Vous devrez la redimensionner si vous voulez la réduire. Pour cela, cliquez sur l'une des poignées d'angle puis, bouton de la souris enfoncé, tirez-la vers l'intérieur de l'image.

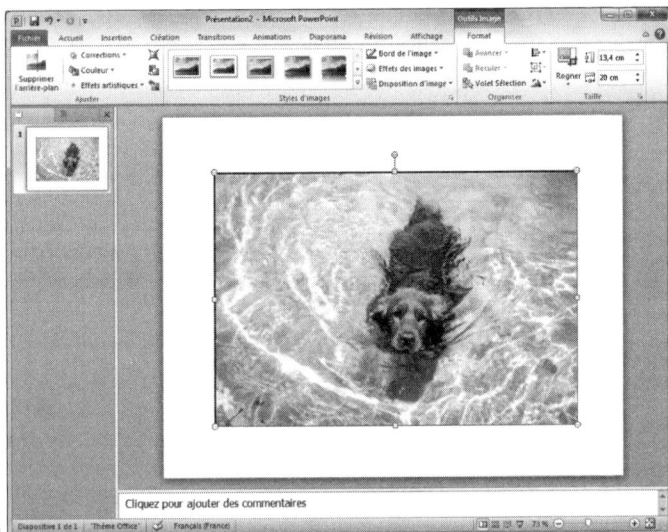

Figure 12.4 :
Une photo
vient d'être
insérée dans
la diapositive
de Power-
Point.

La taille de la photo dans la diapositive dépend de la résolution et des dimensions du fichier d'image original. En règle générale, vous devrez redimensionner les images que vous insérez, en tirant sur l'une des poignées d'angle.

TRUC

Une image peut aussi être placée dans PowerPoint par la bonne vieille technique du copier-coller. Dans ce cas, l'image transite par le Presse-papiers de Windows. Par exemple, si vous griffonnez un dessin dans Paint, copiez-le dans le Presse-papiers en appuyant sur Ctrl+C, ouvrez PowerPoint et collez-y votre chef-d'œuvre.

# Rogner une image

L'image dont vous disposez n'est pas toujours parfaite. Il faut souvent resserrer le cadrage ou, si vous devez montrer le portrait de quelqu'un dans un trombinoscope, vous devez couper, c'est-à-dire rogner, tout ce qui se trouve autour (notez que cette opération n'est possible que sur les images bitmap, pas sur les images vectorielles).

Pour rogner une image, sélectionnez-la, puis cliquez sur le bouton Rogner, dans le groupe Taille de l'onglet Format. Des repères noirs apparaissent près des poignées de redimensionnement. Déplacez-les avec la souris afin de délimiter la partie de l'image à conserver. Cliquez ensuite hors de l'image. La Figure 12.5 montre la photo de la figure précédente, mais avec moins d'eau autour du sujet principal.

TRUC

En cas d'erreur lorsque vous recadrez, cliquez sur l'image avec le bouton droit de la souris. Dans le menu contextuel, choisissez Format de l'image. Dans la boîte de dialogue qui apparaît, cliquez sur Réinitialiser puis sur OK.

# Donner du style à une photo

PowerPoint permet de mettre une image en valeur en ajoutant, par exemple, un cadre, une ombre portée ou un reflet. La Figure 12.6 montre différents effets de styles appliqués à une photo.

Pour appliquer un style à une image, sélectionnez-la puis, dans le Ruban, cliquez sur l'onglet Outils Image. Sélectionnez ensuite, dans le groupe Styles d'image, le style à appliquer.

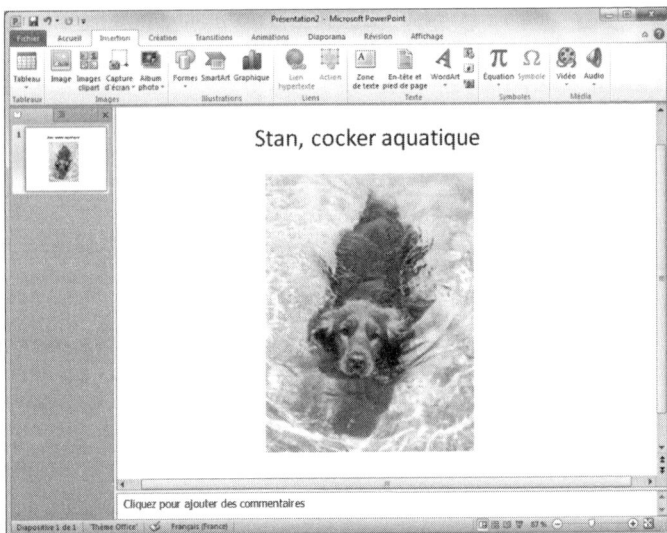

Figure 12.5 :
La photo a
été recadrée
afin de lui
donner plus
d'impact.

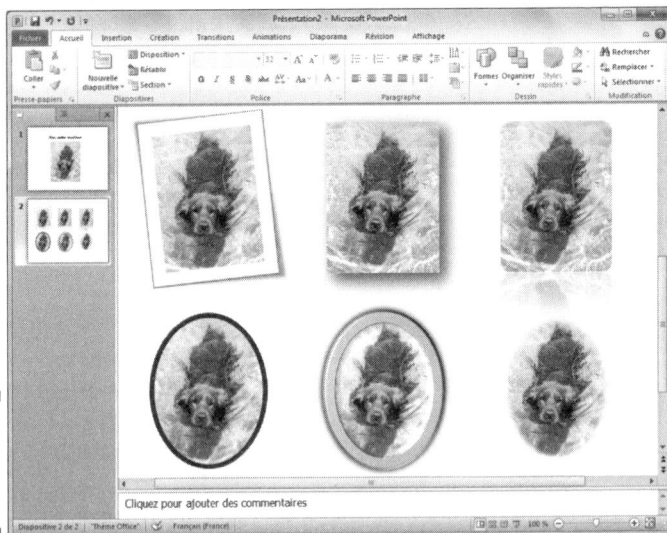

Figure 12.6 :
Quelques
styles
d'image.

PowerPoint est livré avec 28 styles d'image prédéfinis, visibles
dans la palette de la Figure 12.7. Chacun de ces styles mêle
les trois types de mise en forme susceptibles d'être appliqués

à une image : Forme, Bordure et Effet. Si vous le désirez, ils peuvent être appliqués séparément, comme le décrivent les sections suivantes.

Notez que si vous recourez à l'un de ces styles prédéfinis, il sera automatiquement mis à jour si, par la suite, vous changez de thème de présentation. C'est pourquoi il est conseillé de s'en tenir à un seul style.

Figure 12.7 :
La palette
des styles
d'image.

NdT : Pour réinitialiser l'image et supprimer ainsi son style (et tous les autres effets, si elle en a reçu), cliquez sur le bouton Rétablir l'image, à droite de Effets artistiques, dans le groupe Ajuster.

## Appliquer des effets spéciaux

Le bouton Effets des images, dans le groupe Styles d'image – sous l'onglet Format – permet d'appliquer divers effets fort intéressants à des images. Lorsque vous cliquez sur ce bouton, les options suivantes sont proposées :

- ✔ **Ombre :** Applique une ombre à l'image. Vous avez le choix entre plusieurs ombres prédéfinies et une boîte de dialogue qui permet d'en configurer une.

- ✔ **Réflexion :** Place un reflet sous l'image.

- ✔ **Lumière :** Crée une lueur autour des bords de l'image.

- ✔ **Bordures arrondies :** Arrondit les bords de l'image.

- ✔ **Biseau :** Taille les bords de l'image avec des effets en relief.

- ✔ **Rotation 3D :** Pivote l'image avec un effet de perspective.

Le meilleur moyen de se familiariser avec ces effets est de les essayer.

# Corriger la netteté, la luminosité et le contraste

Il arrive parfois que l'image ne soit pas d'une bonne qualité. Elle peut être trop claire ou trop foncée, trop molle ou trop contrastée, ou manquer de netteté.

La nouvelle commande Corrections de PowerPoint 2010 peut vous tirer d'affaire. Située sous l'onglet Outils Image, affiché lorsqu'un graphisme est sélectionné, plus exactement dans le groupe Ajuster, la commande Corrections règle précisément la netteté, la luminosité et le contraste.

Pour modifier un ou plusieurs de ces paramètres, cliquez sur le bouton Corrections puis choisissez l'un des réglages prédéfinis, dans la palette qui apparaît. Ou alors, cliquez sur Options de correction des images, tout en bas de la palette, afin d'accéder à des menus et à des glissières (voir Figure 12.8) permettant de corriger plus finement l'image.

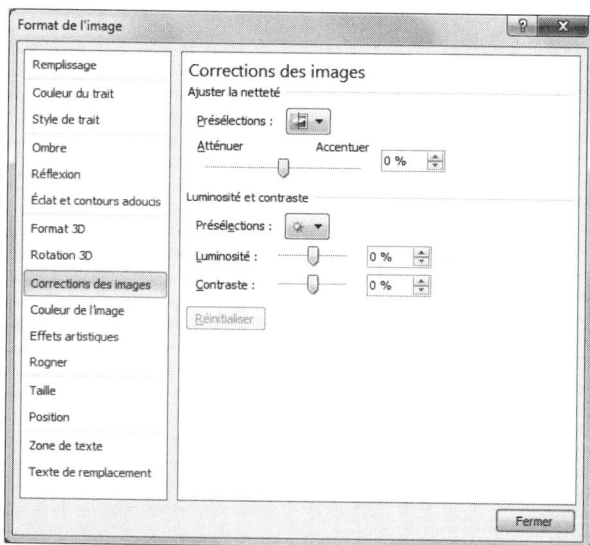

Figure 12.8 :
Les para-
mètres de
correction de
l'image.

# Régler la couleur

La commande Couleur permet de régler le chromatisme d'une image, notamment :

- ✔ **La saturation :** Contrôle l'intensité des couleurs, du noir et blanc (0 %) aux couleurs si avivées qu'elles en sont faussées (400 %).

- ✔ **La nuance :** Refroidit ou réchauffe les teintes. Cette commande peut éliminer une légère dominante de couleur (photo trop orangée ou trop bleutée).

- ✔ **Recolorisation :** Applique différents virages colorés – des teintures, si vous préférez – en fonçant ou en éclaircissant l'image.

Pour modifier les couleurs d'une image, cliquez sur le bouton Couleur, Sous l'onglet Outils Image, dans le groupe Ajuster, puis choisissez l'une des prédéfinitions dans la palette. Ou alors, cliquez sur Options de couleur de l'image, en bas de la palette, pour accéder à la boîte de dialogue de la Figure 12.9. Vous pourrez alors régler finement chacun des effets.

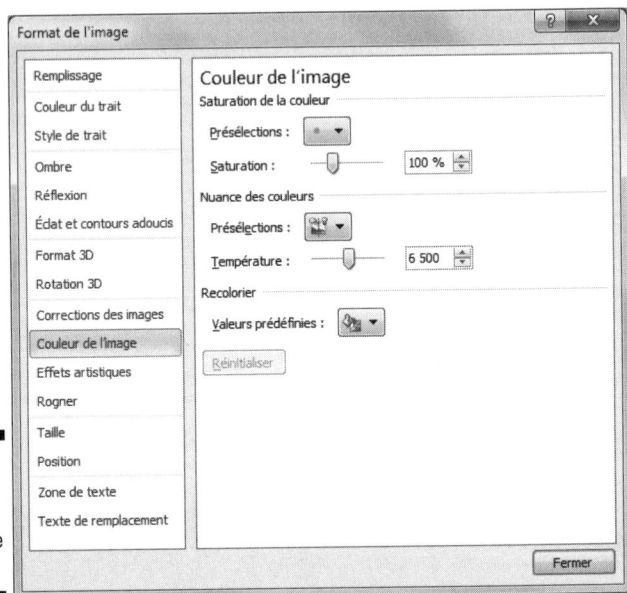

Figure 12.9 :
Les para-
mètres de
correction de
la couleur.

# Appliquer des effets artistiques

La commande Effets artistiques applique un ou plusieurs filtres à vos photos afin de leur donner un aspect pictural. La réussite de l'effet dépend de la photo. C'est pourquoi, le seul moyen de savoir si tel ou tel effet en vaut la peine, c'est de l'essayer.

Pour appliquer l'un de ces effets, double-cliquez sur l'image, cliquez sur la commande Effets artistiques, puis choisissez l'effet désiré dans la palette. La Figure 12.10 en montre quelques-uns.

# Compresser les images

L'ajout d'images dans une présentation augmente notablement la taille de son fichier, surtout si ces images sont des photos numériques. Lorsqu'elles sont nombreuses, c'est en méga-octets, voire en dizaines de méga-octets, que se mesure l'encombrement du fichier sur le disque dur.

Figure 12.10 :
De gauche
à droite,
application
d'effets
artistiques
Peindre,
Emballage
plastique et
Traits.

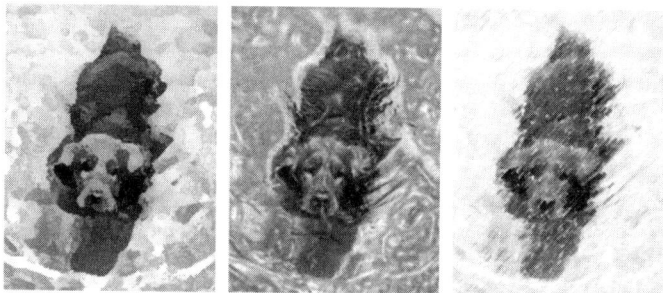

Il se trouve que dans une présentation PowerPoint, la plupart des fins détails d'une photo sont considérablement minimisés. Ceci provient du fait que les appareils photo numériques sont conçus pour produire des fichiers destinés à l'impression – ce qui exige une résolution élevée – tandis que la résolution des écrans informatiques est bien moindre.

C'est pourquoi PowerPoint est doté d'une commande Compresser les images qui peut s'appliquer à une seule image, ou à toutes celles de la présentation à la fois. Je vous recommande de compresser l'ensemble des images en procédant comme suit :

1. **Double-cliquez sur une photo de la présentation (n'importe laquelle) afin que l'onglet Outils Image soit visible puis, dans le groupe Ajuster, cliquez sur le bouton Compresser les images.**

   La boîte de dialogue de la Figure 12.11 apparaît.

Figure 12.11 :
Paramétrez
la compression des
images.

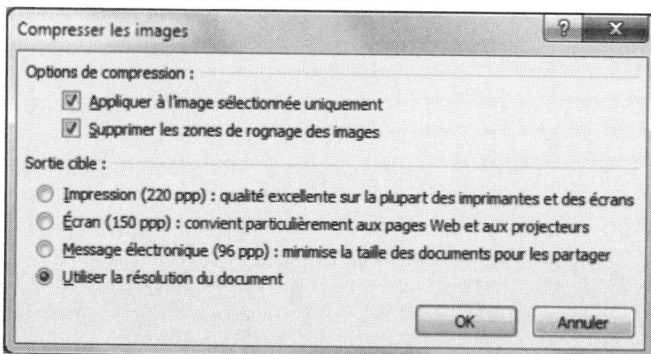

2. **Décochez la case Appliquer à l'image sélectionnée uniquement.**

   Quand cette case est cochée, seule la photo sélectionnée est compressée. En revanche, lorsqu'elle est décochée, la totalité des images de la présentation est compressée.

3. **Sous Sortie cible, cliquez sur le bouton d'option Écran.**

   La qualité de la compression est adaptée à l'affichage sur l'écran ou à l'aide d'un vidéoprojecteur.

4. **Cliquez sur OK.**

   Les images sont compressées. L'opération peut durer un certain temps lorsque la présentation comprend un grand nombre de photos.

5. **Enregistrez la présentation.**

   La compression n'est véritablement appliquée qu'au cours de l'enregistrement du fichier.

# Chapitre 13

# Dessiner sur les diapositives

*Dans ce chapitre :*

▷ Utiliser les outils de dessin de PowerPoint.

▷ Utiliser des formes prédéfinies.

▷ Dessiner des polygones et des courbes.

▷ Modifier les couleurs et les types de trait.

▷ Créer des objets 3D.

*L*'heure de l'art – mais pas l'heure du lard, cochon qui s'en dédit – a sonné ! Tout le monde à ses crayons, gommes et tubes ? Nous allons créer des formes à foison, les découper menu et les coller à tire-larigot dans des diapositives Power-Point.

Ce chapitre traite des fonctions de dessin de PowerPoint. Vous allez vous amuser.

## Conseils généraux sur les dessins

Avant d'étudier les outils de dessin de PowerPoint, voici quelques conseils préliminaires.

## *Zoom avant*

Avec les outils de dessin de PowerPoint, il est préférable d'augmenter le facteur de zoom afin de dessiner avec plus de précision. Personnellement, je n'hésite pas à le régler à 200, 300, voire 400 %. Il suffit pour cela d'actionner la glissière en bas à droite de PowerPoint.

TRUC

Avant de régler le facteur de zoom, sélectionnez l'objet à modifier. Ainsi PowerPoint zoomera exactement dessus. Autrement, vous devriez actionner les barres de défilement pour cadrer l'objet sélectionné.

## *Afficher la règle, le quadrillage et les repères*

PowerPoint possède trois fonctionnalités permettant de positionner des graphismes avec précision :

- ✔ **Les règles :** Des règles horizontales et verticales peuvent être affichées en haut et à gauche de la diapositive.

- ✔ **Le quadrillage :** Une grille en pointillés est placée sur la diapositive.

- ✔ **Les repères :** Des médianes horizontale et verticale se coupent au centre de la diapositive.

Chacune de ces aides au positionnement peut être affichée ou masquée en cochant ou en décochant les cases Règle, Quadrillage et Repères, dans le groupe Afficher de l'onglet Affichage. La Figure 13.1 montre tous ces éléments. Nous reviendrons plus en détail sur les règles et le quadrillage un peu plus loin dans ce chapitre.

## *N'oubliez jamais Ctrl+Z*

N'OUBLIEZ PAS

Le raccourci Ctrl+Z est aussi important que Ctrl+S. Il doit devenir un réflexe chaque fois que vous commettez une erreur. En effet, Ctrl+Z annule les effets de votre dernière action. La combinaison Alt+Retour arrière fait de même. Autrement, si la seule vue d'une souris vous fait grimper sur une chaise, vous

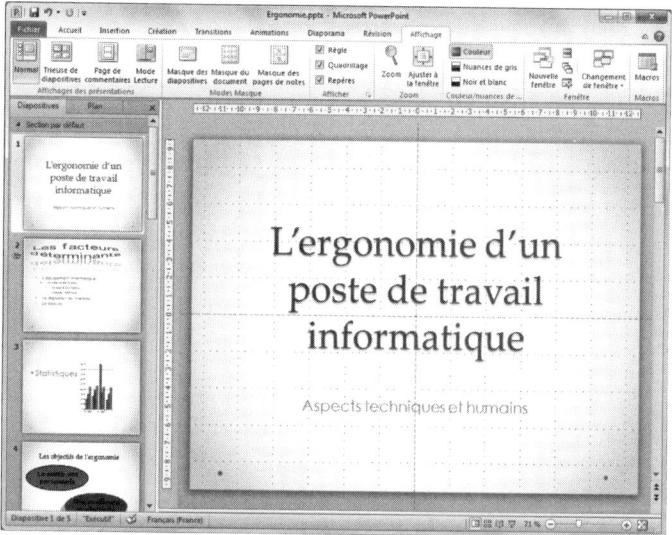

Figure 13.1 :
Les règles, le
quadrillage
et les repères
de Power-
point.

pouvez cliquer sur le bouton Annuler, dans la barre d'outils
Accès rapide.

# Dessiner des objets élémentaires

Pour dessiner un objet sur une diapositive, commencez par
cliquer sur l'onglet Insertion. Ensuite, dans le groupe Illustrations, cliquez sur le bouton Formes pour accéder à la palette
que montre la Figure 13.2. Cliquez ensuite sur la forme qui vous
intéresse.

Vous trouverez des instructions complémentaires dans les pro-
chaines sections. Voici tout d'abord quelques points à conserver en mémoire (la vôtre, pas celle de l'ordinateur) :

✔ **Choisir un emplacement :** Avant de dessiner un objet,
affichez la diapositive qui doit recevoir le dessin. Pour
qu'il apparaisse sur chaque diapositive de la présentation, placez-le sur le masque des diapositives en choisissant Affichage/Masque des diapositives, ou en cliquant,
touche Maj enfoncée, sur le bouton Normal.

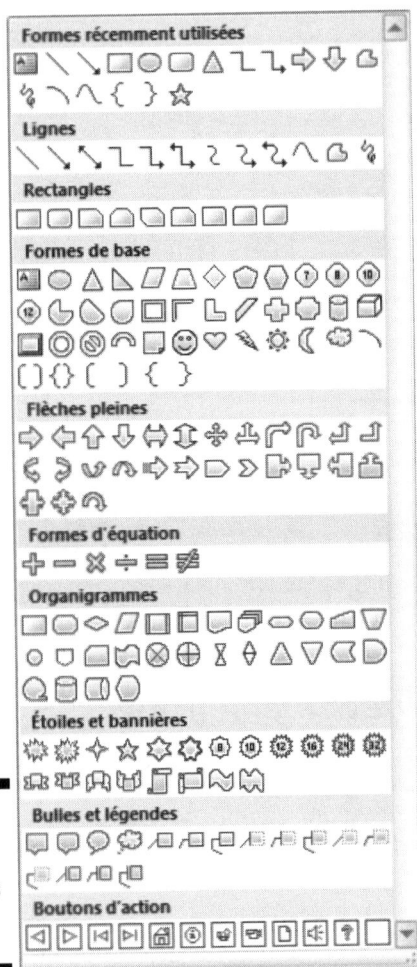

Figure 13.2 :
PowerPoint
contient de
nombreuses
formes
prédéfinies.

✔ **Corriger une erreur :** Le bouton Annuler, dans la barre d'outils Accès rapide, vient généralement à bout de la plupart des erreurs.

✔ **Appuyer sur la touche Maj :** Comme dans de nombreux logiciels graphiques, maintenir la touche Maj enfoncée permet de créer des formes régulières comme le carré (au lieu d'un rectangle) et le cercle (au lieu d'une ellipse), ou encore des traits parfaitement horizontaux, verticaux ou inclinés à 45 degrés.

## Tracer des lignes droites

Le bouton Trait sert à dessiner des lignes droites dans les diapositives. Voici la procédure :

1. **Cliquez sur le bouton Trait, dans le groupe Lignes de la palette Formes.**

2. **Placez le pointeur de la souris là où le trait doit commencer.**

3. **Cliquez et tirez pour définir la longueur de la ligne.**

4. **Relâchez le bouton de la souris lorsque la ligne a atteint la longueur désirée.**

Juste après avoir tracé un trait, ou après avoir cliqué dessus pour le sélectionner, le Ruban affiche l'onglet Outils de dessin que montre la Figure 13.3. Vous utiliserez ensuite les commandes du groupe Style de forme pour modifier le remplissage, le contour et les effets appliqués au trait.

Figure 13.3 :
L'Onglet
Outils de
dessin.

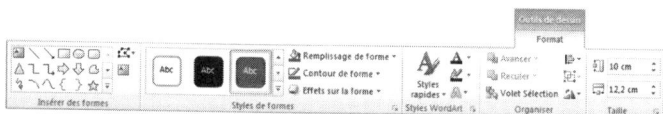

Après avoir tracé un trait, vous pouvez le repositionner ou le réorienter, ou modifier sa longueur en cliquant dessus et en tirant sur les poignées d'extrémité.

Rappelez-vous qu'il est possible de forcer un trait à être parfaitement horizontal, vertical ou incliné à 45 degrés en maintenant la touche Maj enfoncée lorsque vous le dessinez, et même après coup lorsque vous le repositionnez ou le réorientez.

## Dessiner des rectangles, des carrés, des ovales et des cercles

Procédez comme suit pour dessiner un rectangle :

1. **Sous l'onglet Insertion, dans le groupe Illustrations, cliquez sur le bouton Formes. Dans la palette, cliquez sur le bouton Rectangle.**

2. **Amenez le pointeur de la souris là où doit se trouver le coin supérieur gauche du rectangle.**

3. **Cliquez et tirez le pointeur vers le coin opposé du rectangle.**

4. **Relâchez le bouton de la souris.**

Les étapes ci-dessus sont les mêmes pour le dessin d'un ovale, sauf que vous choisissez Ellipse. Pour tracer un cercle parfait, maintenez la touche Maj enfoncée.

La taille et les proportions des formes peuvent être modifiées en tirant leurs poignées d'amour (les petits machins ronds aux coins).

# Créer d'autres formes

Les rectangles et les cercles ne sont pas les seules formes prédéfinies. La palette Formes contient beaucoup d'autres types de formes permettant de facilement dessiner des pentagones, des étoiles et des symboles d'organigramme.

La palette des formes (reportez-vous à la Figure 13.2) est divisée en plusieurs catégories :

✔ **Formes récemment utilisées :** La partie supérieure de la palette contient les 24 formes les plus récemment utilisées. Son contenu varie au fur et à mesure que vous sélectionnez des formes.

✔ **Lignes :** Vous trouvez ici des lignes droites, incurvées, à deux flèches, tordues, ainsi que des lignes libres qui peuvent devenir des polygones irréguliers. Les formes libres sont tellement utiles qu'elles méritent une section – la prochaine – à elles toutes seules.

✔ **Rectangles :** Cette partie contient non seulement le classique quadrilatère, mais aussi des rectangles à coins arrondis ou coupés.

✔ **Formes de base :** Des carrés, des rectangles, des triangles, des croix, un visage souriant, un éclair, un cœur... Il ne manque que le raton laveur.

✔ **Flèches pleines :** Flèches épaisses pointant dans diverses directions.

✔ **Connecteurs :** Lignes avec différentes formes et têtes de flèche qui sont connectées par des points.

✔ **Formes d'équations :** Quelques opérateurs arithmétiques élémentaires.

✔ **Organigrammes :** Divers symboles destinés aux organigrammes.

✔ **Etoiles et bannières :** Pour rendre vos diapositives plus pétillantes.

✔ **Bulles et légendes :** Zones de texte et phylactères comme ceux des bandes dessinées.

✔ **Boutons d'action :** Boutons permettant de passer directement à une autre diapositive ou d'exécuter une macro.

## Dessiner une forme

Voici comment dessiner une forme :

1. **Cliquez sur le bouton Formes, dans le groupe Illustrations, sous l'onglet Insertion.**

   La palette des formes apparaît.

2. **Choisissez la catégorie de la forme à insérer.**

   Après avoir choisi la forme, la palette disparaît tandis que PowerPoint se tient prêt à dessiner.

3. **Cliquez dans la diapositive où vous désirez placer la forme, puis, par un cliquer-tirer, tracez-la jusqu'à la taille désirée.**

   Maintenez la touche Maj enfoncée pour obtenir une forme régulière.

   Le bouton de la souris relâché, l'objet apparaît, avec le style de trait et la couleur de remplissage courants.

4. **(Facultatif) Tapez éventuellement le texte à placer dans la forme.**

   Après avoir tapé le texte, vous pourrez lui appliquer les options de mise en forme (police, couleur...). Reportez-vous au Chapitre 8 pour en savoir plus.

Certaines formes – notamment les étoiles et les bannières – font ressortir le texte. La Figure 13.4 montre comment une simple étoile peut donner de l'impact à une diapositive.

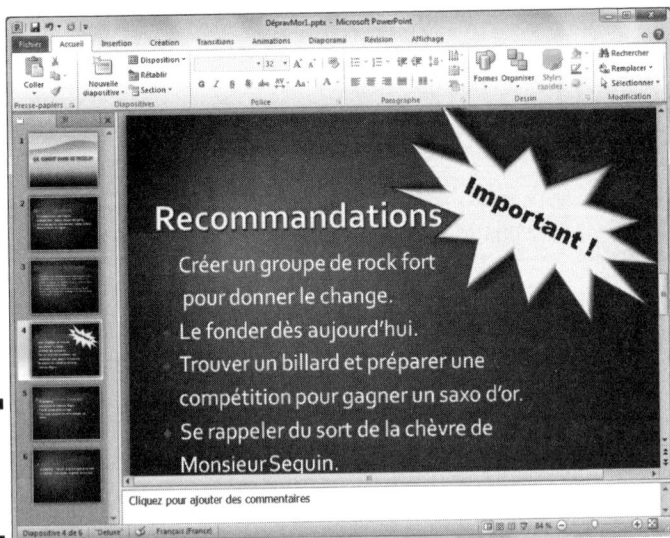

Figure 13.4 :
Une étoile
fait éclater
un texte.

Une forme peut être modifiée à tout moment : sélectionnez-la, affichez l'onglet Outils de dessin, sur le Ruban, puis, dans le groupe Insérer des formes, cliquez sur le bouton Modifier la forme.

*TRUC*

De nombreuses formes disposent d'une poignée supplémentaire pour ajuster certains aspects de l'objet. Par exemple, les flèches ont une poignée qui augmente ou diminue la taille de leur pointe. La Figure 13.5 montre comment utiliser ces poignées supplémentaires pour régler six formes différentes. Pour chacune d'elles, le premier objet à gauche est la forme d'origine ; les deux autres sont des variantes obtenues en agissant sur les poignées spéciales et en sélectionnant des options (pour y accéder, cliquez du bouton droit sur la forme préalablement sélectionnée, choisissez Format de la forme, puis explorez les divers onglets et testez leurs paramètres.

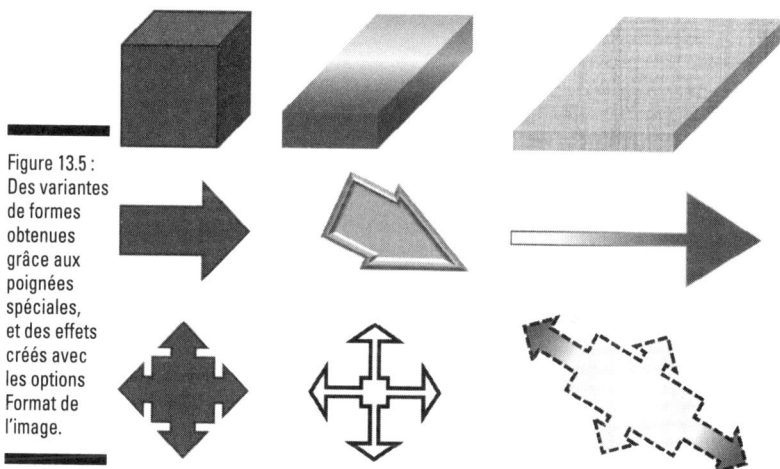

Figure 13.5 :
Des variantes
de formes
obtenues
grâce aux
poignées
spéciales,
et des effets
créés avec
les options
Format de
l'image.

## Dessiner un polygone ou une forme libre

Les *polygones* sont des formes qui ont plusieurs côtés. Le triangle, le carré et le rectangle sont des polygones, de même que le pentagone, l'hexagone et, de manière générale, toutes les formes dont les côtés sont des droites.

Une des formes les plus utiles est la *forme libre*. Elle permet de créer des polygones en un rien de temps. La Figure 13.6 montre trois polygones irréguliers obtenus avec l'outil Forme libre.

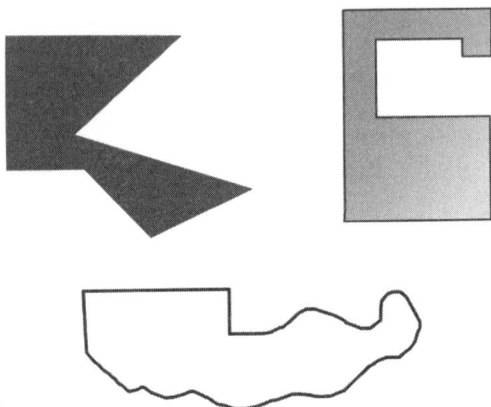

Figure 13.6 :
Trois dessins
tracés avec
l'outil Forme
libre.

Procédez comme suit pour créer un polygone irrégulier :

1. **Dans la palette Formes, cliquez sur le bouton Formes libres.**

   Pour accéder à cette palette, cliquez sur l'onglet Insertion, puis, dans le groupe Illustrations, sur le bouton Formes. Le pointeur se transforme en réticule.

2. **Cliquez à l'emplacement où doit se trouver le premier angle de l'objet.**

3. **Cliquez à l'emplacement où vous désirez positionner le deuxième angle de l'objet.**

4. **Continuez à cliquer pour définir les autres segments de l'objet, et par là même sa forme.**

5. **(Facultatif) Pour dessiner à main levée avec l'outil Forme libre – et mêler ainsi des droites et des incurvations –, appuyez sur le bouton de la souris quand vous cliquez sur un des angles. Ensuite, dessinez librement. Lorsque vous avez fini de dessiner à main levée, relâchez le bouton de la souris.**

   Vous pouvez ensuite continuer à cliquer pour ajouter d'autres droites. Dans la Figure 13.6, la figure du bas est formée de trois droites et d'un tracé à main levée.

6. **Pour fermer et donc terminer la forme, cliquez à proximité du premier point.**

   Inutile d'être précis : si vous cliquez assez près du point d'origine, PowerPoint présumera que le tracé de la forme est achevé, et il la fermera.

C'est terminé ! La couleur de remplissage et du trait de l'objet est celle du jeu de couleurs. NdT : Vous pouvez choisir une autre couleur ainsi que divers effets graphiques en cliquant une première fois dans la forme pour la sélectionner, puis en cliquant dessus du bouton droit et en choisissant l'option Format de la forme, dans le menu contextuel.

Vous pouvez modifier la forme d'un polygone ou d'une forme libre en double-cliquant dessus et en agissant sur les poignées qui apparaissent à chaque coin.

Si vous maintenez la touche Maj enfoncée en dessinant le polygone, vous contraignez les droites à un angle par pas de 45 degrés.

# Dessiner une ligne ou une forme incurvée

L'outil Courbe permet de dessiner des lignes ou des formes incurvées. La Figure 13.7 montre plusieurs exemples de lignes et de formes incurvées tracées avec cet outil.

Voici comment tracer des courbes :

1. **Dans la palette Formes, cliquez sur l'outil Courbe.**

   Pour accéder à la palette Formes, cliquez sur l'onglet Insertion puis, dans le groupe Illustrations, sur le bouton Formes. Le pointeur se transforme en réticule.

2. **Cliquez à l'endroit où doit commencer la ligne ou la forme.**

3. **Cliquez où vous désirez que la première incurvation se produise.**

   La ligne droite se transforme en courbe menant vers le point où vous venez de cliquer. Cette incurvation varie en bougeant la souris.

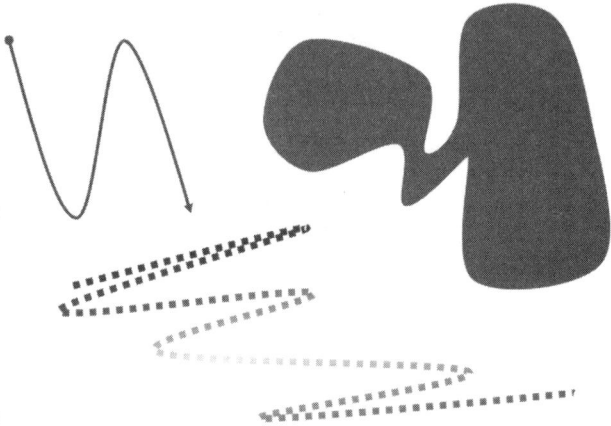

Figure 13.7 :
Exemples de
lignes et de
formes incur-
vées tracées
avec l'outil
Courbe.

4. **Cliquez pour ajouter une nouvelle incurvation à la ligne.**

   Chaque fois que vous cliquez, une nouvelle incurvation s'ajoute à la précédente. Continuez à cliquer jusqu'à ce que la ligne corresponde à ce que vous désirez obtenir.

5. **Pour terminer la ligne, double-cliquez. Pour créer une forme fermée, double-cliquez sur le point d'origine défini à l'Étape 3.**

## *Tracer une zone de texte*

Une *zone de texte* est une forme particulière destinée à recevoir du texte. Pour en créer une, cliquez sur l'onglet Insertion puis, dans le groupe Texte, sélectionnez le bouton Zone de texte. Cliquez ensuite à l'endroit de la diapositive où vous désirez placer le coin supérieur gauche de la zone, puis faites glisser la souris comme si vous traciez un rectangle. Vous pourrez taper le texte après avoir relâché le bouton de la souris.

Le texte saisi peut être mis en forme en le sélectionnant et en utilisant les classiques outils de mise en forme, qui se trouvent pour la plupart sur l'onglet Accueil. Pour plus d'informations, reportez-vous au Chapitre 8.

**TRUC**

La plupart des formes fonctionnent comme des zones de texte. Pour y ajouter des mots, cliquez sur la forme et commencez à écrire. Le texte apparaît au milieu (les lignes et les connecteurs n'acceptent évidemment pas de texte).

# Donner du style aux formes

La partie centrale de l'onglet Outils de dessin est occupée par le groupe Styles de formes. Il permet de contrôler les caractéristiques graphiques des formes comme la couleur de remplissage, le contour ou l'ajout d'une ombre ou d'une réflexion.

Ces styles peuvent être configurés option par option (les Figures 13.6 et 13.7 montrent leurs effets), à moins que vous préfériez recourir à l'une des formes prédéfinies que propose le groupe Styles de formes. Les styles présents dans ce groupe varient selon le type de forme sélectionné. Par exemple, si c'est une ligne, ce sont des styles de lignes qui apparaissent. Mais si un rectangle est sélectionné, ce sont les styles appropriés pour le rectangle qui sont affichés.

# Définir la couleur de remplissage

La commande Remplissage de forme, dans le groupe Styles de formes de l'onglet Outils de dessin, régit le remplissage d'une forme. Le plus élémentaire est la couleur uniforme. Mais vous pouvez utiliser une image, un dégradé ou un motif.

Le remplissage d'une forme est une tâche semblable au choix d'un arrière-plan ou des couleurs d'un thème (ces notions sont décrites au Chapitre 9).

# Définir le contour d'une forme

La commande Contour de forme, dans le groupe Styles de formes de l'onglet Outils de dessin, sert à modifier le style d'une ligne ou la bordure d'une forme fermée. Les paramètres suivants sont modifiables :

✔ **Couleurs :** Définit la couleur du contour.

✔ **Épaisseur :** Règle l'épaisseur du trait.

✔ **Tirets :** Définit l'apparence du contour. Par défaut, il est entouré d'un trait plein, mais vous avez le choix entre plusieurs types de trait, à tirets ou en pointillé.

✔ **Flèches :** Une ligne peut avoir une pointe de flèche à une extrémité ou aux deux (un exemple de flèche est visible en haut à gauche dans la Figure 13.7). Cet effet est surtout utilisé avec les formes Arc et Trait.

Pour bénéficier d'un contrôle maximal sur le style d'un contour, sélectionnez la commande Autres, à droite du nom de groupe Styles de formes. Vous accédez ainsi à la boîte de dialogue Format de la forme que montre la Figure 13.8. C'est là que vous contrôlez tous les aspects du style d'une ligne : sa couleur, son épaisseur, le fait d'être en pointillé ou non et ses extrémités (diverses pointes de flèche sont proposées).

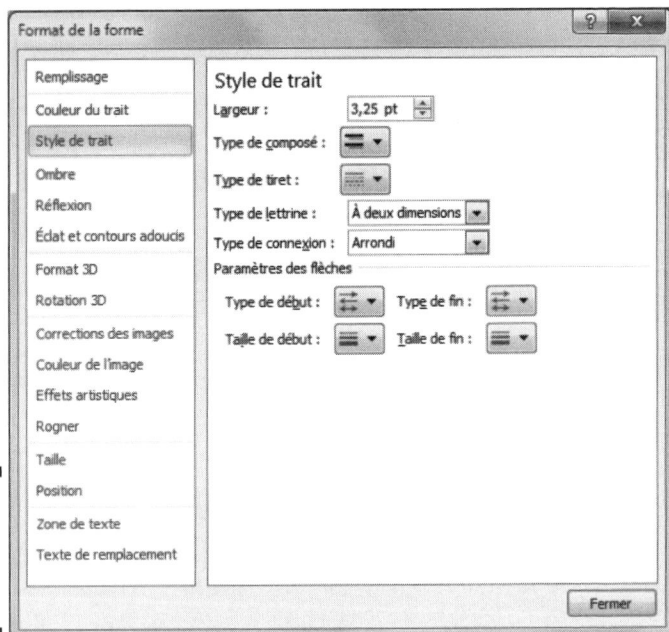

Figure 13.8 :
Les options
de mise en
forme d'un
contour.

## Appliquer des effets aux formes

Sous l'onglet Outils de dessin, dans le Ruban, le bouton Effets sur la forme permet d'appliquer les effets suivants :

- ✔ **Ombre :** Vous avez le choix entre plusieurs effets d'ombre prédéfinis, à moins que vous préfériez accéder à une boîte de dialogue vous permettant d'en personnaliser une.

- ✔ **Réflexion :** Produit un reflet sous la forme. (NdT : L'image, le motif ou le texte contenu dans la forme sont également reflétés.)

- ✔ **Lumière :** Produit une lueur émanant de la forme.

- ✔ **Bordures arrondies :** Arrondit ou adoucit les angles vifs d'une forme.

- ✔ **Biseau :** Produit un effet de ciselage.

- ✔ **Rotation 3D :** Pivote la forme avec possibilité d'effet de perspective.

Le meilleur moyen de découvrir tous ces effets est de les essayer.

# Dessiner une image complexe

Quand plusieurs objets sont placés dans une seule diapositive, plusieurs problèmes risquent de surgir. Comment faire quand les objets se chevauchent ? Comment aligner les objets ? Comment grouper des objets qui ne doivent pas être séparés ?

Cette section montre comment utiliser les fonctions de PowerPoint qui gèrent le chevauchement des objets, leur alignement et leur regroupement.

## Modifier l'empilement

Chaque fois que plusieurs objets cohabitent dans une diapositive, il y a de fortes chances pour qu'ils se chevauchent. PowerPoint gère ce problème en répartissant les objets sur plusieurs niveaux de profondeur, un peu comme s'il utilisait des calques.

Le premier objet se trouve en bas de la pile, le deuxième se place sur le premier, le troisième sur le deuxième, et ainsi de suite. Si deux objets se chevauchent, celui au-dessus occulte partiellement ou totalement celui en dessous.

Vous avez beau connaître ce principe, que faire si vous ne créez pas les objets dans le bon ordre ? Pas de problème ! PowerPoint permet de modifier l'ordre des objets dans la pile, en les déplaçant vers l'avant ou l'arrière.

Sous l'onglet Outils de dessin, figurent deux commandes de modification de l'ordre de la pile :

- ✔ **Mettre au premier plan :** Place l'objet sélectionné en haut de la pile. Remarquez la flèche pointant vers le bas. Cliquer dessus révèle deux sous-commandes : Mettre au premier plan et Avancer. La commande Avancer ne déplace l'objet que d'un seul niveau dans l'empilement, tandis que la commande Mettre au premier plan le met directement au-dessus de la pile.

- ✔ **Mettre à l'arrière-plan :** Envoie l'objet sélectionné dans le fond de la pile. À l'instar de la précédente, cette commande est aussi dotée d'une flèche donnant accès à deux sous-commandes : Reculer, qui décale l'objet d'un niveau vers le fond, et Mettre à l'arrière-plan, qui place l'objet tout au fond de l'empilement.

Les problèmes de chevauchement sont plus faciles à déceler quand les objets ont des couleurs différentes. Si un objet n'a pas de couleur de remplissage, il est transparent. Dans ce cas, l'ordre d'empilement importe peu.

Pour placer un objet au-dessus d'un autre, vous devrez parfois utiliser plusieurs fois la commande Avancer. En effet, même si deux objets peuvent sembler adjacents, d'autres peuvent néanmoins se trouver entre eux dans l'empilement.

## *Aligner des objets*

Rien ne fait plus amateur, dans le sens péjoratif du terme, que des objets éparpillés sur une diapositive au petit bonheur la chance. Le groupe Organiser de l'onglet Outils de dessin est doté d'un bouton Aligner donnant accès aux commandes suivantes :

- ✔ Aligner à gauche.

- ✔ Centrer.

- ✔ Aligner à droite.

- ✔ Aligner en haut.

- ✔ Aligner au milieu.

- ✔ Aligner en bas.

- ✔ Distribuer horizontalement.

- ✔ Distribuer verticalement.

Les trois premières commandes alignent les éléments horizontalement, les trois suivantes verticalement.

Les deux commandes Distribuer verticalement et Distribuer horizontalement répartissent régulièrement les objets. Sélectionnez les objets, cliquez sur le bouton Alignement, puis choisissez l'option Distribuer la plus appropriée.

## Grilles et repères

Pour obtenir des diapositives bien ordonnées, PowerPoint permet d'afficher une grille sur les diapositives. Comme elle ne fait pas véritablement partie de la présentation, votre auditoire ne la verra pas. C'est simplement un outil d'aide au positionnement.

PowerPoint met aussi à votre disposition des repères. Ils sont composés de deux lignes, l'une horizontale, l'autre verticale. Alors que les lignes de la grille sont fixes, celles des repères sont déplaçables. Tout objet approché d'un repère est attiré par lui comme s'il était aimanté. À l'instar de la grille, les repères ne sont jamais vus par l'auditoire. Ils ne sont là que pour vous aider à composer vos diapositives.

Pour afficher la grille ou les repères, cliquez sur le bouton Aligner, dans le groupe Organiser de l'onglet Outils de dessin, et choisissez Paramètres de la grille. Cette commande affiche la boîte de dialogue Grille et repères.

Pour activer la grille, cochez l'option Aligner les objets sur la grille et réglez l'intervalle entre les lignes avec l'option Espacement. Pour visualiser la grille dans PowerPoint, cochez la case Afficher la grille à l'écran.

Pour pouvoir utiliser des repères, cochez la case Afficher les repères de dessin à l'écran. Une fois les repères visibles, vous pouvez les déplacer à l'aide de la souris.

## *Thérapie de groupe*

Un *groupe* est un ensemble d'objets que PowerPoint traite comme s'il s'agissait d'un seul objet. L'utilisation judicieuse des groupes facilite la création d'images complexes.

Pour créer un groupe, suivez ces étapes :

1. **Sélectionnez tous les objets à inclure dans le groupe.**

   La touche Maj enfoncée, cliquez sur chaque élément. Ou alors entourez-les d'un rectangle de sélection en cliquant et tirant.

2. **Cliquez du bouton droit sur l'un des objets sélectionnés et, dans le menu contextuel, choisissez Grouper/Grouper.**

Vous trouverez aussi une commande Grouper sous l'onglet Outils de dessin, mais cette technique est plus rapide.

Procédez comme suit pour défaire un groupe et rendre les objets de nouveau indépendants :

1. **Cliquez du bouton droit dans le groupe d'objets à défaire.**

2. **Choisissez Grouper/Dissocier.**

Si vous avez créé un groupe que vous avez ensuite dissocié pour travailler sur chacun de ses éléments, il vous sera très facile de reformer le groupe une fois les modifications terminées. Voici comment procéder :

1. **Cliquez du bouton droit sur l'objet qui appartenait au groupe d'origine.**

2. **Choisissez Grouper/Regrouper.**

   PowerPoint se souvient des objets du groupe et peut ainsi le reconstituer.

# Chapitre 14
# Insérer un graphique

. . . . . . . . . . . . . . . . . . . . . . . . . . . . .

*Dans ce chapitre :*

▷ Placer un graphique dans une présentation.

▷ Importer des données provenant d'autres programmes.

▷ Déplacer et redimensionner un graphique.

▷ Embellir les graphiques avec des titres, des légendes et d'autres éléments.

. . . . . . . . . . . . . . . . . . . . . . . . . . . . .

*L*e meilleur moyen de faire parler des chiffres, c'est de les montrer sous forme de graphique. Il est facile d'en ajouter un dans PowerPoint, et de le mettre en forme à votre guise. C'est une affaire de quelques clics, comme le démontre ce chapitre.

## Comprendre la notion de graphique

Voici le jargon à assimiler dès lors que vous travaillez avec des graphiques :

✔ **Graphique ou représentation graphique :** C'est la même chose, mais le premier est le plus usité.

✔ **Type de graphique :** PowerPoint supporte plusieurs types de graphiques : les histogrammes, les graphiques à barres, à courbes, à secteurs, à aires, en nuages de points, etc. Chacun de ces types est approprié à un type de données bien précis.

✔ **Mise en page du graphique :** Ensemble d'éléments pré-définis, comme des titres ou des légendes, permettant de créer facilement un type de graphique.

✔ **Style de graphique :** Ensemble d'éléments prédéfinis mis en forme qui régit l'apparence du graphique.

✔ **Feuille de calcul :** Fournit les données d'un graphique, car après tout un graphique n'est rien d'autre que des chiffres donnés à voir. Ces derniers proviennent d'une feuille de calcul. C'est pourquoi, quand vous créez un graphique, PowerPoint démarre automatiquement Excel (s'il ne l'est pas déjà) et s'en sert pour stocker les chiffres.

✔ **Séries :** Ensemble de chiffres ayant une relation commune. Par exemple, un graphique des ventes trimestrielles par région peut avoir une série pour chaque région. Chaque série présente un total de quatre ventes, une par trimestre, et est généralement représentée par une ligne dans la feuille de données. La feuille de données peut être modifiée pour représenter les séries dans des colonnes. La plupart des types de graphiques peuvent comporter plusieurs séries. En revanche, les graphiques à secteurs ne peuvent gérer qu'une seule série à la fois. Le nom de chaque série est affiché dans une légende.

✔ **Axes :** Ce sont des lignes aux bords d'un graphique. L'*axe X*, où sont généralement présentées les catégories, est en bas du graphique, en abscisse ; l'*axe Y* est sur le bord gauche, en ordonnée, et affiche les valeurs.

✔ **Légende :** Une zone de texte dans laquelle chaque série du graphique est représentée par une couleur et par son nom.

# Ajouter un graphique à une présentation

Pour ajouter une représentation graphique à votre présentation, vous avez le choix entre plusieurs options :

✔ Créer une nouvelle diapositive en choisissant une disposition comportant un "Contenu" (un espace réservé au contenu). Cliquez ensuite sur l'icône Graphique, à partir de l'espace réservé Contenu, pour créer le graphique.

✔ Cliquer sur l'onglet Insertion afin d'insérer un graphique dans n'importe quelle diapositive.

✔ Créer le graphique séparément dans Excel 2010 puis le coller dans PowerPoint. C'est la technique la plus courante si le graphique est basé sur des données d'ores et déjà stockées dans un classeur Excel.

## Insérer une diapositive contenant un graphique

Ces étapes montrent comment insérer une nouvelle diapositive qui contient un graphique :

1. **Affichez la diapositive après laquelle doit apparaître la nouvelle diapositive.**

2. **Cliquez sur l'onglet Accueil, puis, dans le groupe Diapositives, cliquez sur le bouton Ajouter une diapositive.**

3. **Cliquez sur l'une des dispositions de diapositive comportant un espace réservé de type Contenu.**

   Plusieurs types de diapositives comportent un espace réservé Contenu. Quand vous avez cliqué sur le type de diapositive désiré, une diapositive avec la disposition sélectionnée est ajoutée à la présentation, comme le montre la Figure 14.1 où le choix s'est porté sur une disposition Titre et contenu.

   Comme vous le constatez, l'espace réservé Contenu héberge six icônes servant à insérer divers types de contenu :

   • **Tableau :** Insère un tableau, comme expliqué au Chapitre 17.

   • **Graphique :** Insère un graphique.

   • **Image clipart :** Insère une image clipart bitmap ou vectorielle.

   • **Image :** Insère une image provenant d'un fichier, comme décrit au Chapitre 12.

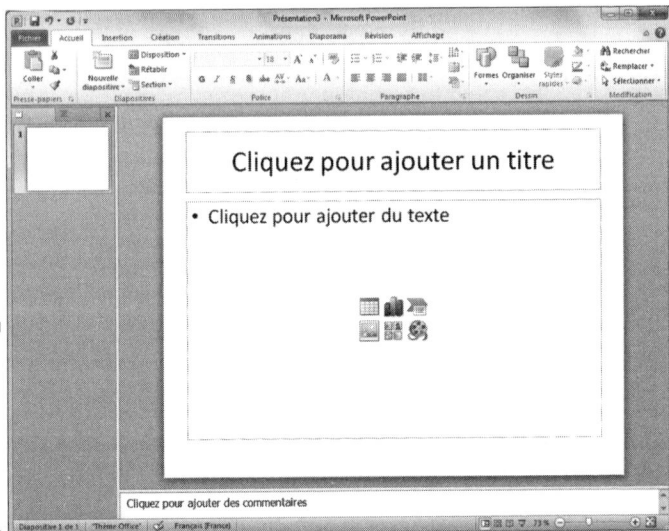

Figure 14.1 :
Une diapo-
sitive avec
un espace
réservé de
type Titre et
contenu.

- **Graphique SmartArt :** Insère un graphique SmartArt, comme expliqué au Chapitre 15.

- **Clip multimédia :** Insère un film, comme décrit au Chapitre 16.

4. **Cliquez sur l'icône Insérer un graphique, au milieu de l'espace réservé Contenu.**

   L'icône Insérer un graphique se trouve au milieu, dans la rangée du haut. Cliquer dessus ouvre la boîte de dialogue Créer un graphique (voir Figure 14.2).

5. **Sélectionnez le type de graphique que vous désirez créer.**

   Vous avez le choix entre les types suivants :

   - **Histogramme :** Les données sont représentées par des colonnes verticales affichées côte à côte ou empilées. La forme des colonnes est paramétrable : barres simples, barres en 3D, cylindres, cônes et pyramides.

   - **Courbes :** Les données sont représentées par des points reliés par différents types de ligne.

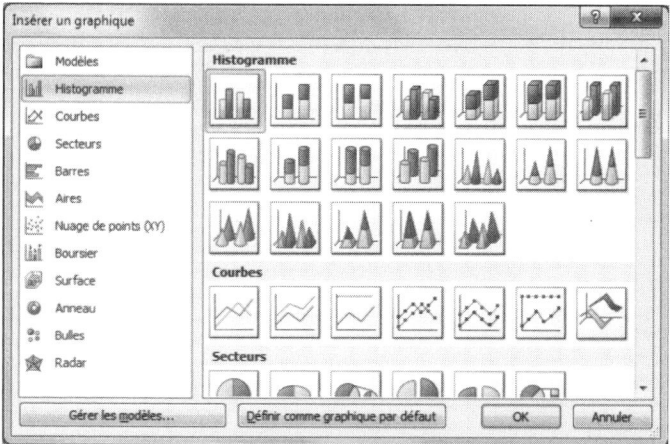

Figure 14.2 :
Choisissez
ici le type de
graphique à
créer.

- **Secteurs :** Les données apparaissent sous la forme de tranches d'un cylindre, d'où le surnom de "camembert" donné à ce type de graphique.

- **Aires :** Semblable à un graphique en courbes, sauf que la partie sous la ligne est mise en couleurs.

- **Nuage de points (XY) :** Affiche des points épars en utilisant deux valeurs pour les coordonnées X et Y de chacun de ces points.

- **Boursier :** Affiche les valeurs élevées, basses et de clôture.

- **Surface :** Semblable à un graphique en courbes, mais avec une représentation tridimensionnelle des données.

- **Anneau :** Semblable à un graphique à secteurs, mais avec un trou au milieu.

- **Bulles :** Semblable à un graphique en nuage de points, avec cependant une troisième valeur définissant le rayon de chaque bulle.

- **Radar :** Les données sont réparties par rapport à un point central plutôt qu'en abscisse et en ordonnée.

6. **Cliquez sur OK.**

PowerPoint mouline un moment – car il doit déterminer si Excel est déjà en service ou non –, puis il insère le graphique, comme le révèle la Figure 14.3. Si Excel n'est pas ouvert, PowerPoint le démarre et réarrange l'écran afin que PowerPoint et Excel soient affichés côte à côte.

Figure 14.3 : Un graphique vient d'être inséré dans PowerPoint. À droite, la feuille de calcul Excel contenant les données source.

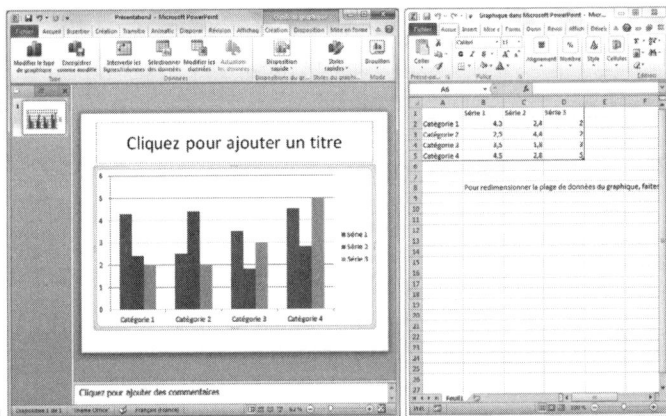

Si Excel est déjà démarré lorsque vous insérez un graphique dans PowerPoint, il ne sera pas juxtaposé comme à la Figure 14.4, mais restera où il est, occupant peut-être la totalité de l'écran. Dans ce cas, appuyez sur Alt+Tab pour passer de PowerPoint à Excel et inversement.

**7. Remplacez les données de l'exemple par les vôtres.**

Les données qui alimentent le graphique figurent dans Excel, comme le montre la Figure 14.3. Vous devrez bien sûr les remplacer par les données que vous comptez exploiter. Remarquez comment le graphique affiche les nouveaux chiffres dès que vous retournez dans Power-Point et cliquez dans la diapositive.

Pour plus d'informations, reportez-vous à la section "Travailler avec les données d'un graphique", plus loin dans ce chapitre.

**8. Personnalisez le graphique.**

Choisissez par exemple un autre type de graphique ou de mise en page, comme nous le verrons plus loin dans

ce chapitre. La Figure 14.4 montre un graphique dont les
données par défaut ont été remplacées par des données
personnelles.

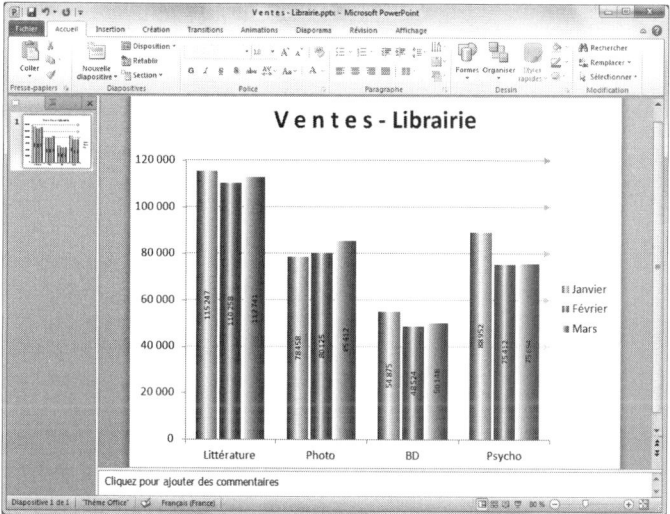

Figure 14.4 :
Une
diapositive
contenant
un graphique
mis en forme.

## *Insérer un graphique dans une diapositive existante*

Vous pouvez aussi ajouter un graphique à une diapositive existante en procédant comme suit :

1. **Affichez la diapositive dans laquelle vous désirez placer le graphique.**

2. **Cliquez sur l'onglet Insertion, sur le Ruban, puis, dans
le groupe Illustrations, cliquez sur Graphique.**

   La boîte de dialogue Insérer un graphique, montrée à la
   Figure 14.2, apparaît.

3. **Sélectionnez le type de graphique à créer, puis cliquez
sur OK.**

   PowerPoint démarre Excel, s'il n'est pas déjà ouvert, et
   insère un graphique contenant des données par défaut.

Reportez-vous à la section "Changer le type de graphique", plus loin dans ce chapitre, pour en savoir plus sur les différentes sortes de graphiques.

4. **Remplacez les données d'exemple par les vôtres.**

Reportez-vous à la section "Travailler avec les données d'un graphique", plus loin dans ce chapitre, pour en savoir plus sur le paramétrage d'un graphique et sa présentation.

5. **Terminez le graphique en définissant sa présentation et son style.**

Reportez-vous aux sections "Modifier la présentation d'un graphique" et "Changer le style d'un graphique", plus loin dans ce chapitre.

6. **Réarrangez tout.**

Le graphique chevauche inévitablement les objets déjà présents sur la diapositive. Vous devrez certainement le redimensionner et le déplacer, de même que les autres objets, pour faire de la place sur la diapositive afin de mieux afficher les divers éléments. Peut-être même devrez-vous supprimer un objet pour gagner encore plus de place. Toutes ces manipulations sont expliquées au Chapitre 13.

## Coller un graphique provenant d'Excel

Quand vous collez un graphique Excel dans PowerPoint, une balise active apparaît près du graphique. Cliquer dessus révèle un menu contextuel qui vous propose de conserver la mise en forme originale du graphique, ou d'utiliser le thème de la présentation PowerPoint.

De plus, la balise active permet d'indiquer si le graphique doit être incorporé ou lié. Lorsqu'il est incorporé, PowerPoint crée une copie des données Excel et les stocke directement dans la présentation, sous la forme d'un objet "classeur". Le graphique dans PowerPoint est totalement déconnecté, et donc indépendant de celui dans Excel. De ce fait, aucune modification effectuée dans le graphique Excel ne sera prise en compte par le graphique dans Powerpoint.

En revanche, lorsque le graphique est lié, PowerPoint le copie effectivement depuis Excel, mais il crée un lien reliant les deux graphiques. De ce fait, toute modification des données dans Excel est répercutée dans le graphique de PowerPoint, qui est ainsi toujours à jour.

Une dernière option dans la balise active permet d'insérer le graphique sous forme d'image. Powerpoint convertit le graphique en un ensemble d'objets "forme", sans aucun lien avec les données ou le graphique situés dans Excel.

## Changer le type de graphique

PowerPoint permet de créer 14 types de graphiques. Chacun convient à un type d'informations particulier. Par exemple, des données des ventes de produits sont toujours mieux mises en valeur en colonnes, afin de bien comparer les résultats de différentes régions. Le type de graphique dépend de la nature des données à afficher.

Fort heureusement, PowerPoint n'impose aucun type de graphique. Vous pouvez facilement l'échanger pour un autre sans modifier les données qu'il contient. Voici comment faire :

1. **Double-cliquez sur le graphique afin de le sélectionner.**

   Quand vous sélectionnez un graphique, un ensemble de trois onglets, appelés Outils de graphique, est ajouté au Ruban.

2. **Cliquez sur l'onglet Création.**

   La Figure 14.5 montre l'onglet Création, l'un des trois onglets des outils de graphique.

3. **Dans le groupe Types, cliquez sur le bouton Modifier le type de graphique.**

   PowerPoint affiche une palette de types de graphiques.

4. **Cliquez sur le type de graphique désiré.**

5. **Cliquez sur OK. C'est fait !**

Figure 14.5 :
L'onglet
Création fait
partie des
outils de
graphique.

# Travailler avec les données d'un graphique

Pour modifier les données d'un graphique, sélectionnez-le. Un ensemble de trois onglets, les Outils de graphique, est aussitôt ajouté au Ruban. Cliquez ensuite sur l'onglet Création. Il comporte un groupe nommé Données qui contient quatre commandes. Elles permettent d'effectuer diverses opérations, décrites dans les sections qui suivent.

## Intervertir des lignes et des colonnes

La première commande du groupe Données s'appelle Intervertir les lignes/colonnes. Elle modifie l'orientation du graphique d'une manière quelque peu ardue à décrire mais facile à visualiser. Reportez-vous à la Figure 14.4 ; elle est basée sur les données suivantes :

|            | **Janvier** | **Février** | **Mars** |
|------------|-------------|-------------|----------|
| Littérature | 115 247    | 110 528    | 112 741  |
| Photo      | 78 458      | 80 125      | 85 412   |
| BD         | 54 875      | 48 524      | 50 148   |
| Psycho     | 88 592      | 75 412      | 75 694   |

Comme l'illustrait précédemment la Figure 14.4, les lignes contiennent les catégories de données, c'est-à-dire les pays Littérature, Photo, BD et Psycho en abscisse.

Si vous cliquez sur le bouton Intervertir les lignes/colonnes, le graphique change, comme le révèle la Figure 14.6 : ce sont à présent les mois, Janvier, Février et Mars, qui se trouvent en abscisse.

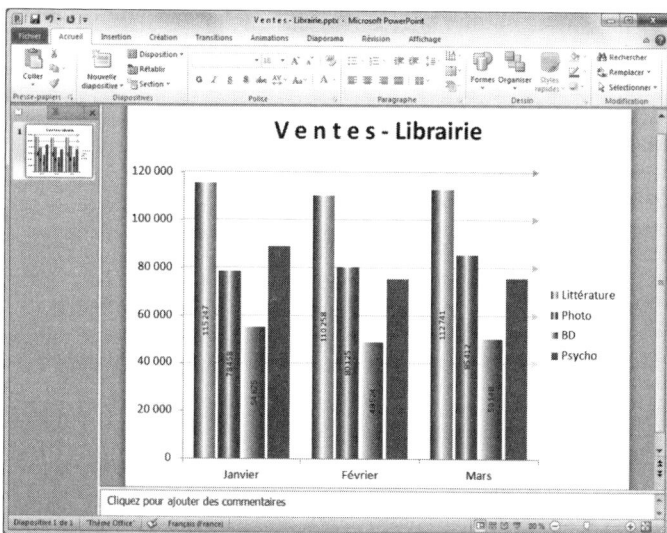

Figure 14.6 :
Les lignes et
les colonnes
du graphique
viennent
d'être inter-
verties.

## Modifier la sélection des données

Le bouton Sélectionner des données, dans le groupe Données
de l'onglet Création, permet de modifier la sélection de données sur laquelle est basée le graphique. Cliquer sur ce bouton
ouvre la boîte de dialogue de la Figure 14.7.

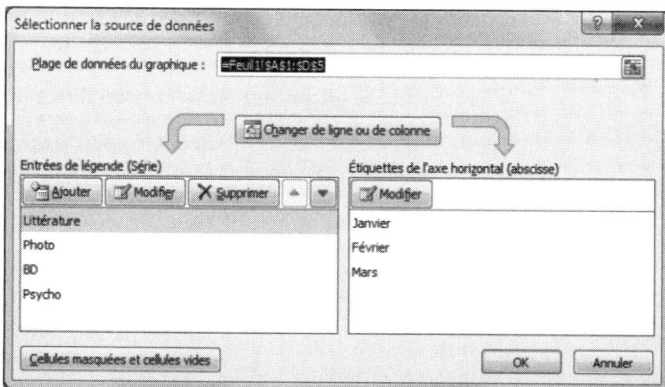

Figure 14.7 :
Cette boîte
de dialogue
permet de
modifier la
plage des
données à
afficher dans
le graphique.

Elle permet d'effectuer trois tâches élémentaires :

- ✔ **Modifier la plage :** Le champ Plage de données du graphique permet de redéfinir une autre plage à utiliser dans le graphique.

- ✔ **Intervertir les lignes et les colonnes :** Le bouton Changer de lignes ou de colonnes a exactement le même effet que le bouton Intervertir les lignes/données, dans le Ruban.

- ✔ **Modifier des plages et des séries :** Vous pouvez redéfinir les lignes contenant les données de chaque série, ajouter de nouvelles séries, modifier la plage actuelle, supprimer des séries ou modifier l'ordre dans lequel elles apparaissent.

## *Modifier les données source*

Pour modifier les actuelles valeurs représentées sur le graphique, cliquez sur le bouton Modifier les données, dans le groupe Données sous l'onglet Création. Cette action ouvre les données dans Excel, où vous pourrez procéder aux modifications. De retour dans PowerPoint (en cliquant dedans) le graphique est mis à jour.

## *Actualiser un graphique*

Si un graphique est lié à un classeur Excel séparé, les données peuvent être mises à jour en procédant ainsi :

1. **Cliquez sur le graphique pour le sélectionner.**

   Le Ruban affiche aussitôt l'onglet Outils de graphique (reportez-vous à la Figure 14.5).

2. **Cliquez sur l'onglet Création.**

3. **Dans le groupe Données, cliquez sur le bouton Actualiser les données.**

   Les données du graphique sont mises à jour à partir du contenu du classeur duquel elles dépendent.

# Modifier la disposition du graphique

La *disposition d'un graphique* est une mise en page d'éléments prédéfinis comme la légende, le titre, etc. Microsoft s'est efforcé de proposer des arrangements fonctionnels et esthétiques, comme en témoigne la Figure 14.8.

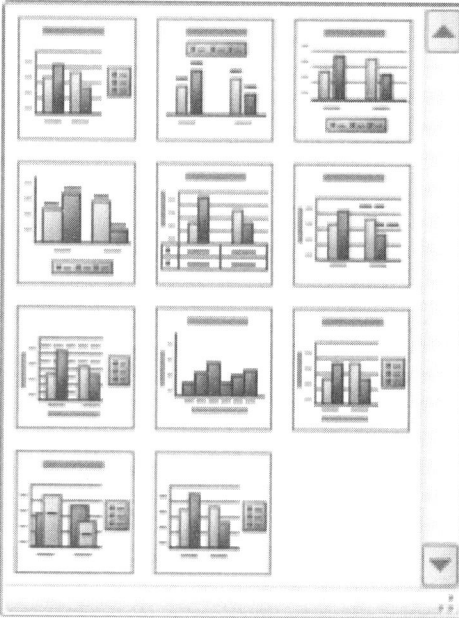

Figure 14.8 :
La palette
Dispositions
spécifique
aux histo-
grammes.

Procédez comme suit pour modifier la disposition d'un graphique :

1. **Cliquez sur le graphique afin de le sélectionner.**

   Le Ruban affiche l'onglet Outils de graphique (voir Figure 14.5).

2. **Cliquez sur l'onglet Disposition (voir Figure 14.9).**

3. **Cliquez sur le bouton Disposition rapide.**

   La palette des dispositions est affichée.

4. **Cliquez sur la disposition à appliquer.**

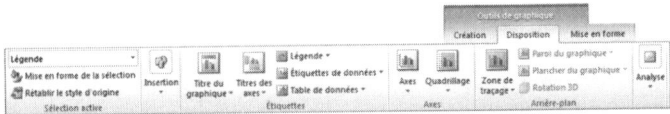

Figure 14.9 :
Les commandes
de l'onglet
Dispositions.

Le graphique adopte la disposition sélectionnée.

# Modifier le style du graphique

Un *style de graphique* est un ensemble d'éléments de mise en forme comme les couleurs ou les formes. Microsoft fournit un vaste assortiment de styles ; la Figure 14.10 montre la palette des styles des histogrammes.

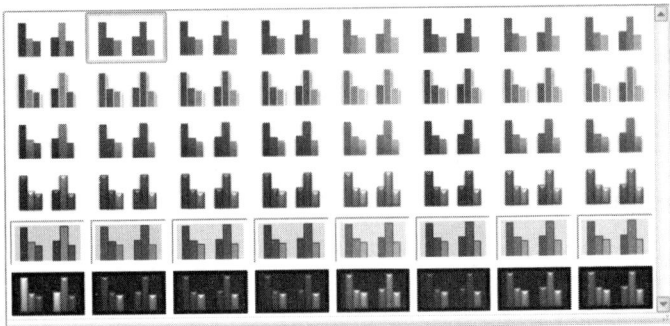

Figure 14.10 :
Les différents
styles d'histo-
grammes de
PowerPoint.

Procédez comme suit pour modifier le style d'un graphique :

1. **Cliquez sur le graphique pour le sélectionner.**

   Le Ruban affiche l'onglet Outils de graphique (reportez-vous à la Figure 14.5).

2. **Cliquez sur l'onglet Création.**

3. **Choisissez un style dans le groupe Styles du graphique.**

   Le groupe Styles du graphique affiche les styles les plus communément utilisés.

   Si celui que vous désirez n'est pas visible dans le Ruban, cliquez sur le bouton Autres, sous les barres de défile-

ment du groupe Styles du graphique, pour afficher la
palette des styles.

# Embellir un graphique

PowerPoint permet d'embellir un graphique de plusieurs
manières : vous pouvez ajouter des titres, des étiquettes, des
légendes, etc. Le moyen le plus facile d'améliorer la présentation de tous ces éléments consiste à sélectionner une disposition de graphique, comme expliqué précédemment à la section
"Modifier la disposition du graphique". Vous pouvez cependant
créer votre propre disposition en paramétrant vous-même ces
éléments.

Pour ce faire, sélectionnez le graphique afin d'accéder aux
onglets des outils de graphique, puis cliquez sur l'onglet Disposition. Il contient diverses commandes que nous étudierons
d'ici peu.

Sous cet onglet, le bouton Insertion – il n'appartient pas à un
groupe – permet d'insérer une image, une forme ou une zone
de texte. Reportez-vous au Chapitre 13 pour en savoir plus sur
ces éléments.

Le groupe Étiquettes, lui, permet d'ajouter divers éléments
textuels au graphique :

✔ **Titre du graphique :** Il est normalement placé au-dessus du graphique, mais il peut aussi être repositionné
  ailleurs.

✔ **Titres des axes :** Ils légendent la signification de chacun
  des axes. La plupart des graphiques ont deux axes : un
  titre de l'axe horizontal principal (abscisse) et un titre de
  l'axe horizontal vertical (ordonnée).

✔ **Légende :** Elle concerne les séries de données affichées
  dans le graphique. Quand vous cliquez sur le bouton
  Légende, un menu proposant différents emplacements
  apparaît. Vous avez aussi la possibilité de cliquer sur
  Autres options de légende afin d'accéder à la boîte de
  dialogue Format de légende (Figure 14.11). C'est à partir
  de cette dernière que vous définissez la position de la

légende ainsi que les diverses options de mise en forme comme le style de la bordure et du remplissage. Notez que la légende est repositionnable n'importe où dans le graphique.

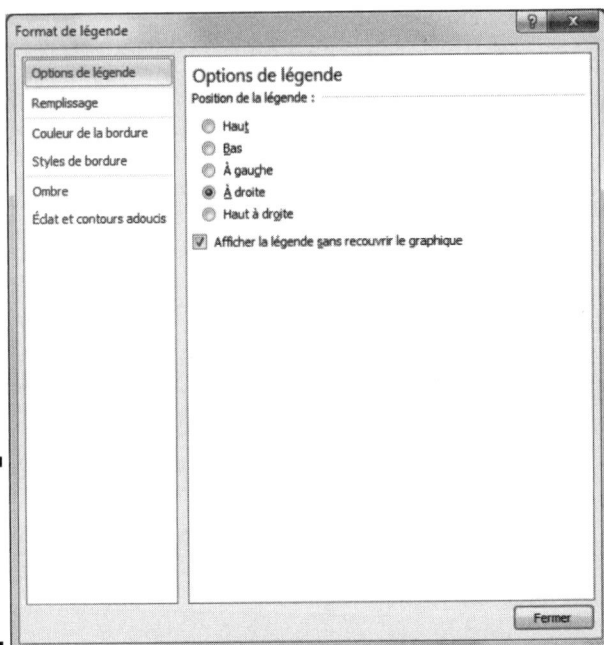

✔ **Étiquettes de données :** Mentionne la valeur de chacun des points d'une série, au-dessus ou à côté d'eux. Pour contrôler plus étroitement leur apparence, choisissez Autres options d'étiquettes de données afin d'accéder à la boîte de dialogue de la Figure 14.12.

Dans la plupart des diapositives, les étiquettes de données encombrent inutilement sans ajouter des informations utiles. Ne les utilisez que si vous devez absolument indiquer des valeurs exactes dans un graphique.

✔ **Table de données :** Elle affiche les données utilisées par le graphique. La plupart des graphiques n'en comportent pas, mais vous pouvez en ajouter une si vous estimez que

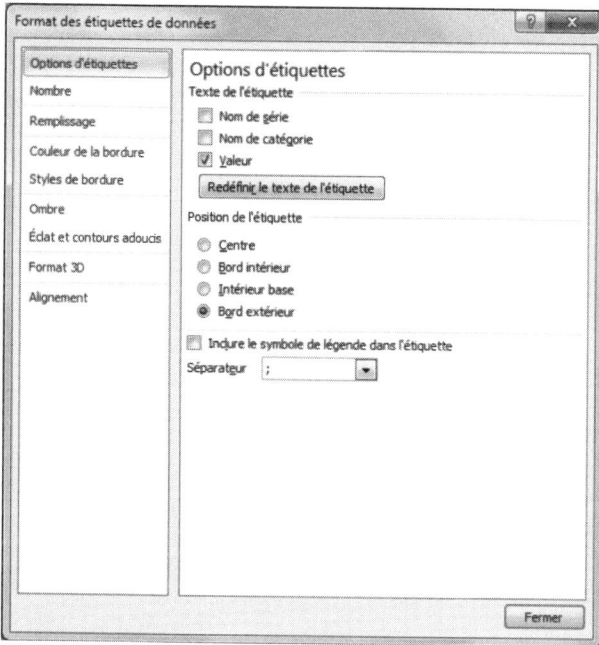

**Format des étiquettes de données**

Options d'étiquettes
Nombre
Remplissage
Couleur de la bordure
Styles de bordure
Ombre
Éclat et contours adoucis
Format 3D
Alignement

Options d'étiquettes
Texte de l'étiquette
☐ Nom de série
☐ Nom de catégorie
☑ Valeur
[ Redéfinir le texte de l'étiquette ]
Position de l'étiquette
○ Centre
○ Bord intérieur
○ Intérieur base
● Bord extérieur
☐ Inclure le symbole de légende dans l'étiquette
Séparateur [ ; ▼ ]

[ Fermer ]

Figure 14.12 :
La boîte de
dialogue
de mise en
forme des
étiquettes de
données.

le public serait intéressé de voir les chiffres, comme à la
Figure 14.13.

Sous l'onglet Disposition, le groupe Axes ne comporte que
deux boutons :

↳ **Axes :** Ce sont les droites en abscisse (X) et en ordonnée
(Y) par rapport auxquelles les données sont tracées.
Quand un graphique est en trois dimensions, un troisième
axe de profondeur Z est ajouté. La commande Axes régit
l'affichage ou le masquage des différents axes.

↳ **Quadrillage :** Ce sont des lignes qui facilitent l'évaluation
des valeurs représentées par des points ou des barres. Ce
bouton permet de les afficher ou de les masquer.

Le groupe Arrière-plan, sous l'onglet Disposition, contient
d'utiles commandes permettant de mettre en forme les diverses parties de l'arrière-plan :

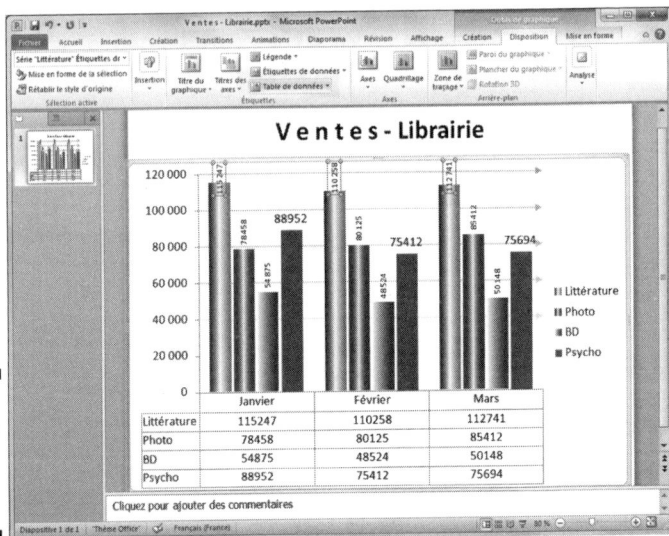

Figure 14.13 :
Un graphique
accompagné
d'une table
de données.

✔ **Zone de traçage :** Met en forme l'arrière-plan de la partie principale du graphique.

✔ **Paroi du graphique :** Si un graphique présente des parois, ce bouton permet de contrôler son apparence.

✔ **Plancher du graphique :** Contrôle l'apparence du plancher du graphique, si ce dernier en a un.

✔ **Rotation 3D :** Sert à orienter un graphique en 3D et contrôle d'autres de ses aspects.

Le groupe Analyse permet d'ajouter d'autres éléments susceptibles d'agrémenter vos graphiques. Vous y trouverez par exemple une fonction Courbe de tendance utile pour présenter la tendance globale – à la hausse ou à la baisse – d'un ensemble de chiffres, ou des barres d'erreur indiquant une fourchette pour chacune des valeurs.

# Chapitre 15

# Découvrir SmartArt

* * * * * * * * * * * * * * * * * * * * * * * * * * * * *

*Dans ce chapitre :*

▶ Créer des diagrammes avec SmartArt.

▶ Créer des organigrammes hiérarchiques.

* * * * * * * * * * * * * * * * * * * * * * * * * * * * *

Ça risque de ricaner dans les derniers rangs si votre présentation se limite à une succession de diapositives à puces avec un clipart de temps en temps pour faire bonne figure. Fort heureusement, PowerPoint est bien équipé de toutes sortes d'outils pour embellir vos diapositives. Ce chapitre explique comment exploiter l'une des fonctionnalités les plus sympas pour agrémenter vos diapositives : l'ajout de diagrammes à l'aide de *SmartArt*.

## *Se familiariser avec SmartArt*

PowerPoint est doté d'une intéressante fonction nommée SmartArt (prononcez "s'marre-tarte" parce que c'est la cerise sur le gâteau et que pour se marrer, on se marre), permettant de placer différentes sortes de diagrammes dans vos diapositives. SmartArt sert à représenter une liste à puces sous la forme d'un diagramme de formes interconnectées. Bien que de nombreux types de diagrammes soient proposés, le principe est le même pour tous. La seule différence est la manière de représenter le contenu des listes à puces. Examinez par exemple celle-ci :

🖛 Arrivée.

🖛 Ateliers.

> ✔ Déjeuner.
>
> ✔ Exposés.
>
> ✔ Café et fin.

La Figure 15.1 montre cette liste représentée de deux manières avec SmartArt. Pour les obtenir, il a suffi de sélectionner le texte, de cliquer dedans du bouton droit et de choisir Convertir en graphique SmartArt. La différence entre ces deux représentations est essentiellement le type de graphique choisi (chacun a cependant reçu une mise en forme particulière).

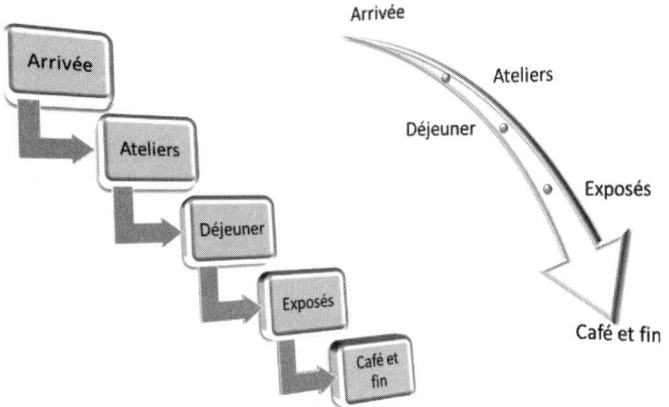

Figure 15.1 :
Deux
exemples de
graphiques
SmartArt.

Notez que beaucoup de types de diagrammes SmartArt peuvent être affichés sur plusieurs niveaux de liste à puces. Supposons que vous ayez créé cette liste :

- Arrivée

    Café à l'accueil

    Efforcez-vous d'être à l'heure

- Ateliers

    Pause café à 10 h

    Communiquez !

- Déjeuner

Buffet à volonté !

- Exposés

    Pause café à 14 h

    Fin à 16 h

- Café et fin

    On se retrouve au dîner

La Figure 15.2 montre l'apparence de cette liste après une mise en forme à l'aide d'un diagramme de type Processus croissant à flèches. Comme vous le constatez, les puces de premier niveau se trouvent sur les flèches tandis que les puces de second niveau se trouvent dans des cadres suspendus sous chaque flèche.

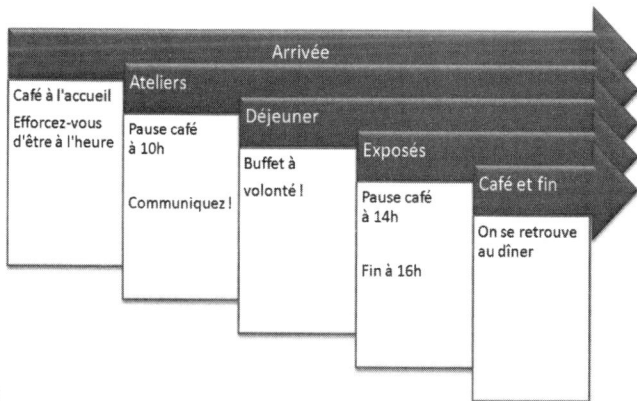

Figure 15.2 : Affichage de deux niveaux de texte dans un diagramme de processus horizontal.

L'un des aspects les plus appréciables de SmartArt est la possibilité de passer d'un diagramme à un autre. De ce fait, si vous estimez qu'un diagramme est inapproprié au message que vous désirez véhiculer, vous pouvez en essayer un autre et vérifier si le message passe mieux.

# Créer un diagramme SmartArt

Le meilleur moyen de créer un diagramme SmartArt est de confectionner une nouvelle diapositive, d'y placer une bonne vieille liste à puces, puis de convertir le texte en SmartArt. Voici comment :

1. **Créez une nouvelle diapositive Titre et contenu.**

2. **Tapez la liste à puces.**

   Vous pouvez utiliser une liste à un ou deux niveaux. Efforcez-vous de rédiger des lignes brèves et concises.

3. **Cliquez du bouton droit dans la liste et choisissez Convertir en graphique SmartArt.**

   Un menu avec les types de diagrammes SmartArt apparaît, comme le montre la Figure 15.3.

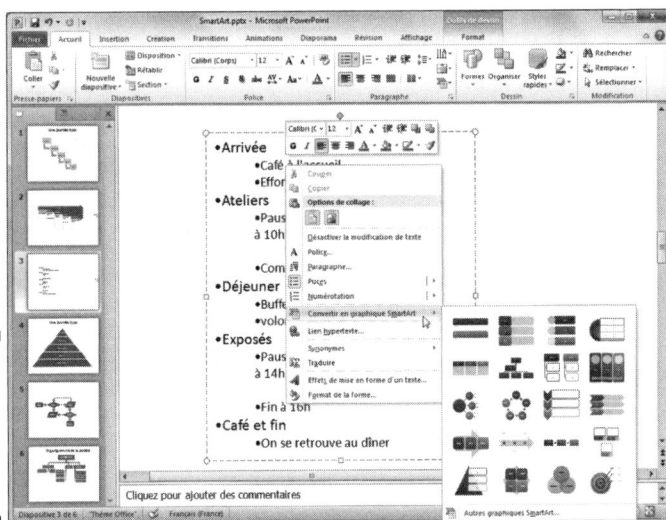

Figure 15.3 : Conversion d'une liste à puces en graphique SmartArt.

4. **Sélectionnez le type de graphique SmartArt désiré.**

   Si le diagramme SmartArt désiré n'est pas visible sur la palette, cliquez sur l'option Autres graphiques SmartArt afin d'accéder à la boîte de dialogue de la Figure 15.4. Comme vous le constatez, elle offre un choix beaucoup plus vaste réparti en sept catégories. Ces différents types de diagrammes sont décrits dans le Tableau 15.1.

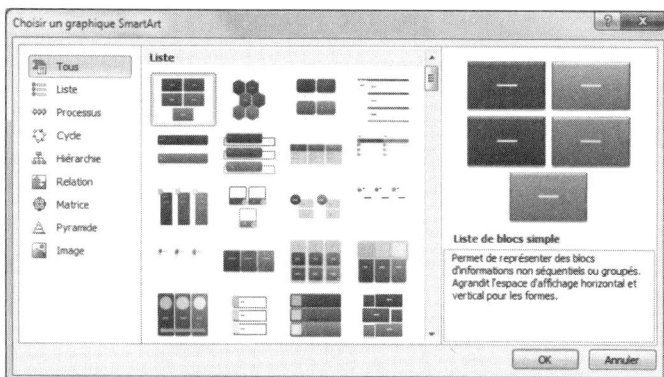

Figure 15.4 :
Power-
Point offre
un grand
choix de
diagrammes
SmartArt.

---

**Tableau 15.1 : Les types de diagrammes SmartArt.**

| Icône | Type de diagramme | Description |
|---|---|---|
| | Liste | N'affiche qu'une liste. Certains diagrammes à listes n'ont pas d'organisation particulière, d'autres affichent une progression séquentielle, comme des étapes ou des phases. |
| | Processus | Affiche le déroulement d'un processus séquentiel. |
| | Cycle | Affiche le déroulement d'un processus qui se répète en boucle. |
| | Hiérarchie | Montre une organisation hiérarchique, comme un organigramme. |
| | Relation | Montre les relations établies entre les divers éléments. Cette catégorie comporte de nombreux diagrammes radiaux et de Venn. |
| | Matrice | Affiche quatre éléments disposés en quarts. |
| | Pyramide | Montre comment des éléments se fondent sur d'autres. |
| | Image | Montre l'information sous différents formats incorporant des objets Image dans le diagramme. Reportez-vous au Chapitre 12 pour en savoir plus au sujet des images. |

5. **Cliquez sur OK.**

   Le diagramme est créé.

6. **Modifiez le diagramme à votre guise.**

   Pour plus d'informations, reportez-vous à la section "Peaufiner un diagramme SmartArt", plus loin dans ce chapitre.

7. **Et voilà, c'est terminé !**

   À vrai dire, rien n'est jamais terminé. Vous pouvez peaufiner le diagramme jusqu'à la fin des temps pour le parfaire. Mais à un moment ou à un autre, la faim ou le sommeil aidant, vous serez bien obligé d'arrêter.

# *Peaufiner un diagramme SmartArt*

Après avoir créé un diagramme SmartArt, vous pouvez modifier son apparence de différentes manières, notamment en changeant le style rapide qui lui a été appliqué. Un *style rapide* est un ensemble de mises en forme comme les effets de couleur et de forme appliqués aux divers éléments du diagramme.

Microsoft fournit un vaste choix de styles rapides. La Figure 15.5 montre ceux des diagrammes en pyramide.

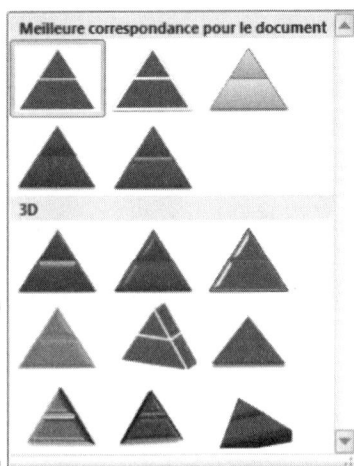

Figure 15.5 :
Les styles
rapides des
diagrammes
Pyramides.

Procédez comme suit pour changer le style rapide d'un dia-gramme :

1. **Cliquez sur le diagramme pour le sélectionner.**

   Les outils SmartArt apparaissent sur le Ruban.

2. **Cliquez sur l'onglet Création.**

   La Figure 15.6 montre le contenu de cet onglet.

Figure 15.6 :
L'onglet
Création
des outils
SmartArt.

3. **Dans le groupe Styles rapides, sélectionnez le style que vous désirez utiliser.**

   Le groupe Styles rapides affiche les styles les plus com-munément utilisés pour le type de diagramme en cours. Si celui que vous recherchez n'est pas visible dans le Ruban, cliquez sur le bouton Autres, sous la barre de défilement, pour accéder à une palette montrant tous les styles disponibles.

Remarquez que l'onglet Création des outils SmartArt contient des commandes permettant de modifier le diagramme en ajoutant des formes ou des puces, ou en changeant le type de graphique. Vous pouvez aussi rendre au diagramme son apparence originelle, en cliquant sur le bouton Rétablir le gra-phique, dans le groupe Réinitialiser.

# Modifier le texte d'un SmartArt

Quand vous créez un diagramme SmartArt à partir d'une liste à puces existante, les puces sont remplacées par les éléments du diagramme. Ce qui soulève une importante question : comment faire pour modifier un texte après sa conversion en graphisme SmartArt ?

Pour modifier du texte dans un SmartArt, sélectionnez le diagramme. Cliquez ensuite sur la petite double flèche qui apparaît à gauche du cadre de sélection du diagramme. Le volet Texte apparaît aussitôt à gauche. Vous pourrez y modifier votre prose, comme le montre la Figure 15.7.

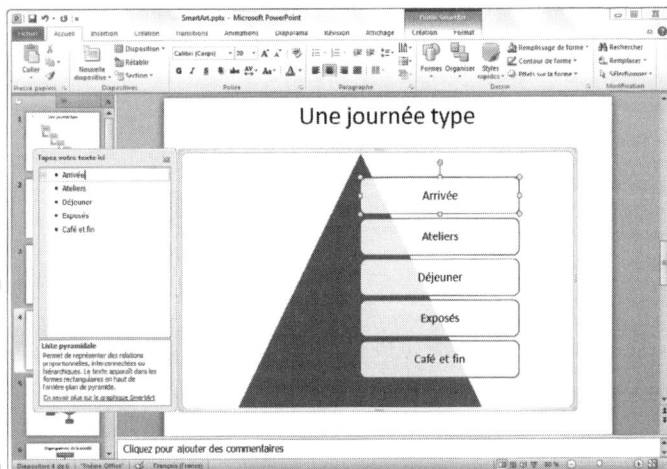

Figure 15.7 : Modification du texte de la liste à puces d'un SmartArt.

## Et l'organigramme ?

L'organigramme est l'un des types de diagramme qu'affectionnent les utilisateurs de PowerPoint. Bien que SmartArt ne propose aucune option pour en créer un, il est facile d'en confectionner à l'aide des formes de PowerPoint. Examinez celui de l'illustration, créé en quelques minutes seulement.

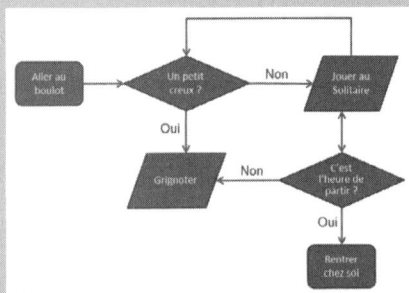

Voici comment dessiner un organigramme comme celui-ci :

1. **Dessinez chacun des éléments de l'organigramme à l'aide des formes élémentaires, comme décrit au Chapitre 13.**

   Sous l'onglet Insertion, cliquez sur Formes et choisissez des formes de la section Organigrammes. Reliez-les avec les connecteurs à flèche de la section Lignes.

2. **Cliquez dans une forme puis tapez le texte qui doit y figurer.**

   Modifiez éventuellement la police et la taille.

3. **Réglez l'alignement des formes.**

   C'est là que les connecteurs s'avèrent très utiles : ils restent toujours attachés aux formes même lorsque vous déplacez ces dernières. (NdT : Les formes se déplacent par à-coups en raison du magnétisme de la grille. Pour outrepasser cet effet et repositionner légèrement une forme, maintenez la touche Alt enfoncée tout en la tirant.)

# Les organigrammes hiérarchiques

Les *organigrammes hiérarchiques*, qui montrent l'organisation d'un service, par exemple, sont essentiels dans de nombreuses présentations.

Les diagrammes Organigrammes sont parfaits pour cela. Ils permettent en effet de montrer toute la hiérarchie d'un service, avec les dirigeants, les subordonnés, les collègues et les assistants. Il est très facile de réarranger la chaîne de commandement, et d'ajouter ou de supprimer de nouvelles cellules. La Figure 15.8 montre un organigramme hiérarchique.

La liste à puces avec laquelle j'avais créé cet organigramme se présentait avec ces retraits, avant de la convertir en graphique SmartArt :

- Direction
  - Comptabilité
  - Vente

Organigramme de la société

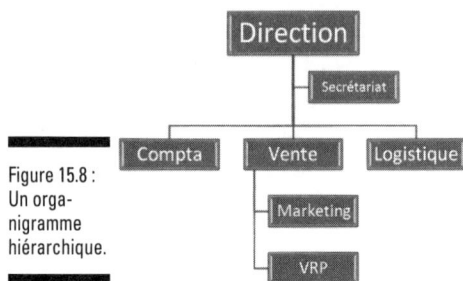

Figure 15.8 :
Un orga-
nigramme
hiérarchique.

- Marketing

- VRP

- Logistique

Remarquez l'absence du Secrétariat dans la liste. Cette cellule est en effet un peu spéciale, car il s'agit d'une cellule Assistant. Nous y reviendrons plus loin dans ce chapitre.

Pour créer des organigrammes, les versions précédentes de PowerPoint recouraient à une fonction Diagramme plus fruste. La nouvelle fonction SmartArt est plus facile à utiliser, sauf lorsqu'il s'agit de créer des organigrammes compliqués, auquel cas les deux se valent.

# Ajouter des cellules à un organigramme

Vous pouvez ajouter une cellule à un organigramme en ouvrant le volet Texte et en modifiant la liste à puces. Reportez-vous à la section "Modifier le texte d'un SmartArt", précédemment dans ce chapitre, pour savoir comment procéder.

Ou alors vous pouvez utiliser les commandes sous l'onglet Outils SmartArt, sur le Ruban. Une des fonctionnalités inté-ressantes est la possibilité d'ajouter un *Assistant,* c'est-à-dire une cellule qui apparaît de côté dans l'arborescence. Voici la procédure à suivre :

1. **Cliquez sur la cellule à laquelle vous désirez ajouter une nouvelle cellule juste au-dessus ou juste en dessous.**

2. **Sur le Ruban, cliquez sur l'onglet Outils SmartArt.**

3. **Cliquez sur le bouton Ajouter une forme. Le menu de ce bouton propose les options suivantes :**

   *Ajouter la forme après :* Insère une nouvelle cellule au même niveau que la cellule sélectionnée, immédiatement à sa droite.

   *Ajouter la forme avant :* Insère une nouvelle cellule au même niveau que la cellule sélectionnée, immédiatement à sa gauche.

   *Ajouter la forme au-dessus :* Insère une nouvelle cellule au-dessus de la cellule sélectionnée.

   *Ajouter la forme en dessous :* Insère une nouvelle cellule au-dessous de la cellule sélectionnée.

   *Assistant Ajout :* Insère une nouvelle cellule sous celle qui est sélectionnée. La nouvelle cellule est reliée par un connecteur coudé, indiquant que cette cellule est un assistant et non un subordonné.

4. **Cliquez dans la nouvelle cellule et tapez le texte qui doit y apparaître.**

5. **Au besoin, positionnez la cellule en la tirant avec la souris.**

## Supprimer des cellules d'un organigramme

Pour supprimer une cellule d'un organigramme, sélectionnez-la et appuyez sur Suppr. PowerPoint réajuste automatiquement le graphique pour compenser la cellule disparue.

## Modifier la disposition de l'organigramme

PowerPoint permet de réaliser quatre types de répartitions des subordonnés dans un organigramme. Le menu de la commande Disposition, dans le groupe Créer un graphique, contient les options suivantes :

✔ **Standard :** Les cellules des subordonnés sont au même niveau, sous la cellule supérieure.

✔ **Les deux :** Les subordonnés sont placés par paires au même niveau, sous le niveau supérieur.

✔ **Retrait à gauche :** Les subordonnés sont empilés sous la cellule supérieure, à gauche du connecteur.

✔ **Retrait à droite :** Les subordonnés sont empilés sous la cellule supérieure, à droite du connecteur.

# Chapitre 16

# Silence !
# Moteur ! Action !
# (Ajouter du son
# et de la vidéo)

* * * * * * * * * * * * * * * * * * * * * * * * * * * * * * * *

*Dans ce chapitre :*

▶ Ajouter de drôles d'élucubrations à vos présentations.

▶ Lire un CD depuis votre présentation.

▶ Narrer vos présentations.

▶ Gérer la vidéo.

* * * * * * * * * * * * * * * * * * * * * * * * * * * * * * * *

C e chapitre n'est pas très long, car PowerPoint ne permet pas de faire du multimédia comme le ferait un logiciel spécialisé à vocation professionnelle comme Adobe Director. PowerPoint permet de coller des éléments audiovisuels dans votre diaporama, ce qui n'est déjà pas si mal.

## Sonoriser une diapositive

Pendant ses premières années, un PC ne savait émettre qu'un pauvre "bip" qui était loin d'impressionner les mélomanes. Aujourd'hui, l'ordinateur est devenu multimédia. Il affiche non seulement du texte et des images, mais il sait aussi gérer le son et la vidéo.

# *Insérer un objet audio*

Dans cette section, nous verrons comment insérer un objet audio dans une diapositive. Vous pouvez le configurer afin qu'il soit automatiquement lu dès que la diapositive apparaît, ou seulement après avoir cliqué sur une icône. Notez que si le son doit être joué automatiquement, et que c'est un fichier Wav, il est plus facile de l'ajouter à une transition, comme nous le verrons au Chapitre 10, que comme objet séparé. En revanche, procédez comme suit si le fichier n'est pas au format Wav ou si vous désirez contrôler le moment où le son sera joué :

1. **Affichez la diapositive à laquelle vous désirez ajouter le son.**

2. **Cliquez sur l'onglet Insertion, puis sur le bouton Audio, à droite du Ruban.**

   La boîte de dialogue Insérer un objet audio apparaît (Figure 16.1).

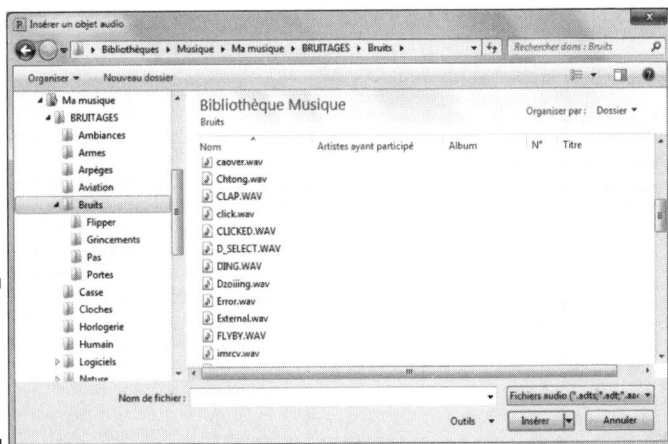

Figure 16.1 : L'insertion d'un son commence ici.

3. **Sélectionnez le fichier audio à insérer.**

   Vous devrez sans doute parcourir votre disque dur à la recherche du fichier désiré (utilisez Démarrer/Rechercher pour trouver des fichiers).

4. **Cliquez sur Insérer.**

Le fichier audio est inséré dans la diapositive courante
tandis que le ruban Outils audio apparaît, comme le
montre la Figure 16.2.

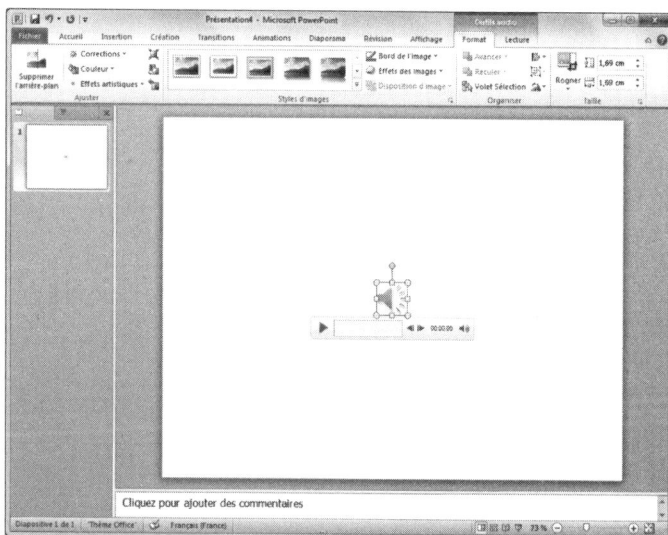

Figure 16.2 :
Un son vient
d'être inséré
dans une
diapositive.

Vous pouvez insérer un son à partir du volet Images clipart.
Pour cela, cliquez sur le bouton Images clipart, dans le ruban
Insertion, puis recherchez parmi les fichiers audio. Double-cli-
quez sur la vignette d'un son pour l'insérer dans la diapositive.

Voici quelques considérations éparses quant à l'ajout de
fichiers audio sur des diapositives :

✔ Pour lire un son en mode Normal, double-cliquez sur son
  icône. Mais pendant le diaporama, un seul clic suffit pour
  démarrer la lecture du son.

✔ Les fichiers WAV peuvent être joués pendant une transition. Pour plus d'informations, consultez le Chapitre 10.

✔ Pour supprimer un son, cliquez sur son icône – elle repré-
  sente un haut-parleur – et appuyez sur la touche Suppr.

# Configurer les options audio

Des aspects importants du son peuvent être configurés, notamment la manière de lire le contenu des fichiers. Les commandes se trouvent sous l'onglet Lecture des Outils audio que montre la Figure 16.3.

Figure 16.3 : Les commandes de l'onglet Lecture, dans le ruban Outils audio.

## Définir à quel moment un son est lu

Par défaut, un fichier audio n'est pas lu tant que vous n'avez pas cliqué sur l'icône de son visible dans la diapositive. Si le son doit être joué automatiquement dès que la diapositive est affichée, déployez le menu Début, dans le groupe Options audio, sous l'onglet Lecture, puis remplacez l'option Au clic par l'option Automatiquement.

Lorsque l'option Au clic ou automatiquement est sélectionnée, le son cesse dès le passage à la diapositive suivante. Pour que le son se poursuive sur plusieurs diapositives, choisissez l'option Exécution sur l'ensemble des diapositives, dans le menu Début.

## Lire le son en boucle

Si le fichier audio ne dure pas assez longtemps pour être lu sur l'ensemble des diapositives, mettez-le en boucle. Pour ce faire, cochez la case Boucle jusqu'à l'arrêt, dans le groupe Options audio du ruban Lecture.

## Masquer l'icône du son

Par défaut, l'icône du son est affichée dans la présentation. Non seulement elle n'est guère esthétique, mais si le son est lu automatiquement, sa présence est plus que superflue.

Sous l'onglet Lecture, le groupe Options audio contient une case Masquer lors de l'affichage. Lorsqu'elle est cochée, l'icône n'est pas visible tant que le son n'est pas lu, mais elle est visible pendant la lecture du son.

Le meilleur moyen de se débarrasser une fois pour toutes de l'icône du son, c'est de la tirer jusqu'au bord de la diapositive. Le son fait toujours partie de la diapositive, et sera donc joué automatiquement dès l'apparition de la diapositive. Mais comme l'icône est au bord, elle n'est pas visible par le public.

## Le fondu à l'ouverture et à la fermeture

Les commandes Apparition en fondu et Disparition en fondu servent à augmenter progressivement le son dès l'apparition de la diapositive, et/ou le diminuer progressivement à la fin. Une durée de 2 à 3 secondes produit un effet très agréable.

## Couper un clip audio

Cliquer sur le bouton Découper l'audio affiche la boîte de dialogue de la Figure 16.4. Elle sert à empêcher la lecture des parties inutiles du son, au début ou à la fin du fichier. La plage de son à retenir peut être délimitée, soit en tirant les curseurs, soit en indiquant le moment du début et celui de la fin.

# Insérer une vidéo dans une diapo

Ajouter une vidéo est techniquement pareil à l'insertion d'un son. La grande différence est qu'un son s'écoute tandis qu'une vidéo se regarde et s'écoute, ce qui alourdit considérablement la taille des fichiers utilisés.

Vous trouvez que les fichiers audio sont volumineux ? Attendez de voir la taille des fichiers vidéo ! Elle fait les choux gras

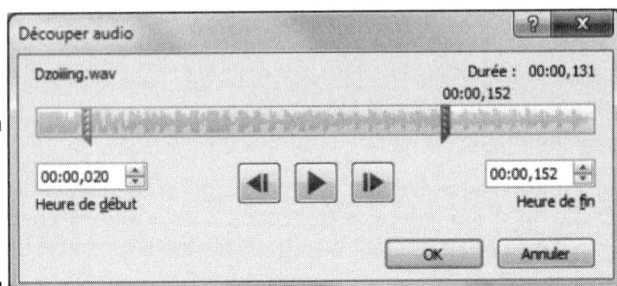

des vendeurs de disques durs de grande capacité. Et surtout, ne comptez pas trop envoyer par courrier électronique une présentation lestée d'un grand nombre de vidéos, car le fichier ne serait pas accepté par le serveur de messagerie. La plupart d'entre eux limitent la taille des pièces jointes à 10 Mo.

Voici comment ajouter de la vidéo à une diapositive :

1. **Trouvez une bonne vidéo.**

   Le plus difficile est de trouver une vidéo en adéquation avec le propos de votre présentation. PowerPoint propose quelques petits films dans sa Bibliothèque multimédia et vous pouvez en télécharger sur le site de Microsoft. Surfez sur le Web pour en trouver d'autres. Ou alors, créez vos propres vidéos si vous possédez un caméscope.

2. **Affichez la diapositive dans laquelle vous désirez insérer la vidéo.**

   Prévoyez un espace vide assez confortable pour héberger la vidéo. N'hésitez pas à déplacer des objets pour faire de la place.

3. **Cliquez sur l'onglet Insertion et, dans le groupe Clips multimédias, cliquez sur le bouton Film.**

   La boîte de dialogue Insérer un film apparaît (Figure 16.5).

4. **Sélectionnez la vidéo à insérer.**

   Vous devrez certainement parcourir vos lecteurs pour dénicher le film.

Figure 16.5 :
Choisissez
la vidéo à
insérer

**5. Cliquez sur le bouton Insérer.**

L'animation est insérée dans la diapositive, comme le
montre la Figure 16.6.

Figure 16.6 :
Une anima-
tion insérée
dans une
diapositive.

6. **Redimensionnez la fenêtre du film à l'aide des poignées. Vous pouvez également la positionner ailleurs dans la diapositive.**

Pour lire la vidéo pendant que vous travaillez sur la présentation en mode Normal, double-cliquez dessus. Au cours du diaporama, un seul clic suffit.

Vous pouvez insérer une vidéo à partir du volet Images clipart.

# Configurer les options vidéo

De nombreuses options de lecture vidéo sont configurables à partir de l'onglet Lecture du ruban Outils vidéo que montre la Figure 16.7. Il contient plusieurs commandes permettant de régler le son et la manière de le diffuser. Examinons ces options.

Figure 16.7 : Les commandes de l'onglet Lecture, dans le ruban Outils vidéo.

## Contrôler l'affichage de la vidéo

Par défaut, la vidéo est lue après avoir cliqué sur le bouton Lecture/Pause, sous l'image. Pour que la vidéo démarre automatiquement dès l'affichage de la diapositive, déployez le menu Début, sous l'onglet Lecture des Outils vidéo, et choisissez Automatiquement.

## Lire la vidéo en boucle

Si la vidéo ne dure pas assez longtemps pour être lue sur l'ensemble des diapositives, mettez-la en boucle : cochez la case Boucle jusqu'à l'arrêt, dans le groupe Options vidéo du ruban Lecture.

## Couper une vidéo

Cliquer sur le bouton Découper la vidéo affiche la boîte de dialogue de la Figure 16.8. Utilisez-la pour couper les parties inutiles du clip vidéo, au début ou à la fin du fichier. La plage d'images à retenir peut être délimitée, soit en tirant les curseurs, soit en indiquant le moment du début et celui de la fin.

Figure 16.8 :
Eliminez ici les parties inutiles d'une vidéo.

## Afficher la vidéo en plein écran

Pour que la vidéo occupe tout l'écran, cochez la case Lire en mode Plein écran, dans le groupe Options vidéo du ruban Lecture. Attention à la qualité de l'image, car si la résolution est trop faible, la vidéo sera terriblement pixellisée.

## Le fondu à l'ouverture et à la fermeture

Les commandes Apparition en fondu et Disparition en fondu servent à augmenter progressivement le son de la vidéo dès l'apparition de la diapositive, et/ou le diminuer progressivement à la fin. L'image elle-même n'est pas affectée.

## *Placer un signet*

Un signet est une marque placée dans la barre de temps de la vidéo, qui permet de se positionner exactement à un emplacement précis, et cela d'un seul clic de souris. Par exemple, vous placerez un signet à un moment fort de la vidéo pour y aller directement, sans infliger à votre auditoire les longs moments qui précèdent. Un signet peut aussi servir à animer un objet à un moment précis.

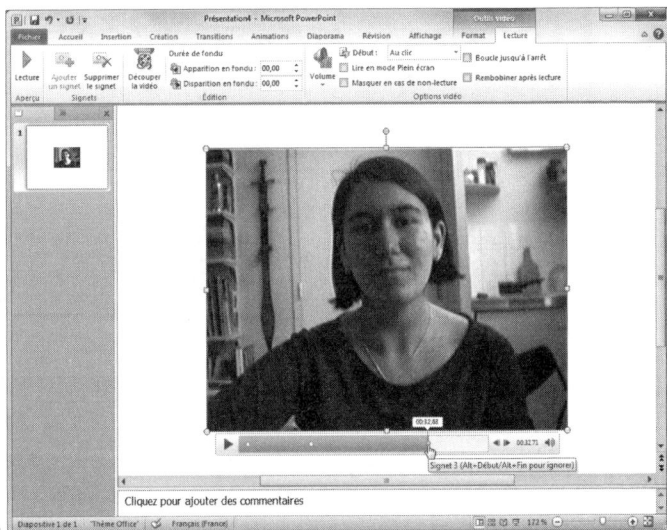

Figure 16.9 : Trois signets permettent d'aller directement au début de phrases significatives.

Voici comment créer des signets vidéo et déclencher un son lorsqu'un signet est atteint :

1. **Placez une vidéo dans la diapositive.**

   Nous supposerons que vous avez placé dans la diapositive une vidéo téléchargée d'Internet, montrant le lancement d'Apollo 11.

2. **Sélectionnez la vidéo puis, dans le Ruban, cliquez sur l'onglet Lecture.**

3. **Cliquez sur le bouton Lecture/Pause, sous la vidéo.**

   La vidéo commence à être lue.

Ajouter
un signet

**4. Dès que la vidéo atteint le point où vous désirez placer le signet, cliquez sur le bouton Ajouter un signet, à gauche, dans le groupe Signets de l'onglet Lecture.**

Le signet est créé. Un petit cercle apparaît dans la barre de temps de la vidéo.

**5. Cliquez sur le bouton Lecture/Pause, sous la vidéo.**

**6. Créez un objet qui devra s'animer au moment où le signet est atteint au cours de la lecture.**

Pour cet exemple, nous créons une zone de texte contenant le texte "Décollage !"

**7. Cliquez sur l'onglet Animations.**

**8. Sélectionnez l'objet créé à l'Étape 6 puis cliquez sur le bouton Ajouter une animation. Sélectionnez ensuite un effet d'animation.**

Nous choisissons l'effet Apparaître.

**9. Cliquez sur le bouton Déclencheur, dans le ruban Animations, et choisissez l'option Sur le signet. Sélectionnez le signet créé à l'Étape 1.**

Vous configurez ainsi le déclenchement de l'animation par le signet de la vidéo.

**10. C'est terminé.**

Voici quelques points à prendre en compte, à propos des signets :

✔ Vous pouvez placer plusieurs signets dans une vidéo. Chacun peut déclencher une animation.

Supprimer
le signet

✔ Pour ôter un signet, cliquez sur son cercle, dans la barre de temps sous la vidéo, puis cliquez sur le bouton Supprimer le signet, dans le ruban Lecture.

✔ Reportez-vous au Chapitre 10 pour en savoir plus sur les animations.

# Chapitre 17

# D'autres éléments
# à insérer
# dans vos diapositives

*Dans ce chapitre :*

▶ Placer un tableau dans une diapositive.

▶ Utiliser l'onglet Insertion pour créer un objet WordArt.

▶ Ajouter un lien hypertexte à une diapositive.

*L*'onglet Insertion, sur le Ruban, regorge d'éléments susceptibles d'être utilisés dans vos présentations comme nous
l'avons vu dans les chapitres précédents. Mais vous pouvez
insérer une foule d'autres objets, notamment des tableaux, un
graphisme WordArt, des liens hypertextes, des actions et des
équations. C'est ce que nous verrons dans ce chapitre.

## Créer des tableaux

Les tableaux sont parfaits pour présenter des données. Par
exemple, pour créer une diapositive qui montre combien de
personnes adorent ou détestent les logiciels de présentation
informatique, un tableau sera le meilleur moyen d'y parvenir.
Si vous envisagez d'acheter de nouveaux équipements informatiques, un tableau permet de comparer aisément les prix.

## *Créer un tableau dans un espace réservé Contenu*

Des tableaux élémentaires sont faciles à créer dans Power-
Point. Il suffit d'utiliser la mise en page Titre et tableaux puis de
procéder comme suit :

1. **Cliquez sur l'onglet Accueil, dans le Ruban, puis, dans
   le groupe Diapositives, cliquez sur Nouvelle diapositive
   afin d'ajouter une diapositive avec une disposition Titre
   et contenu.**

   Une nouvelle diapositive est créée.

2. **Cliquez sur l'icône Insérer un tableau.**

   C'est la première des six icônes au milieu de l'espace
   réservé Contenu. La boîte de dialogue de la Figure 17.1
   apparaît.

Figure 17.1 :
Cette boîte
de dialogue
sert à
paramétrer le
tableau.

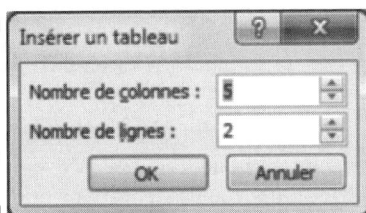

| Insérer un tableau | ? | X |

| Nombre de colonnes : | 5 |
| Nombre de lignes : | 2 |

| OK | Annuler |

3. **Définissez le nombre de lignes et de colonnes du tableau, puis cliquez sur OK.**

   Le tableau apparaît, comme le montre la Figure 17.2.

4. **Saisissez vos données dans les cellules du tableau.**

   Cliquez dans n'importe quelle cellule et commencez à
   saisir le texte. Vous pouvez aussi passer de cellule en
   cellule en appuyant sur la touche Tab ou sur les touches
   fléchées.

5. **Mettez le contenu des cellules en forme.**

   Utilisez les Outils de tableau, décrits plus loin dans ce
   chapitre, pour donner une belle apparence au tableau.

6. **Arrêtez-vous pour respirer le doux parfum des fleurs.**

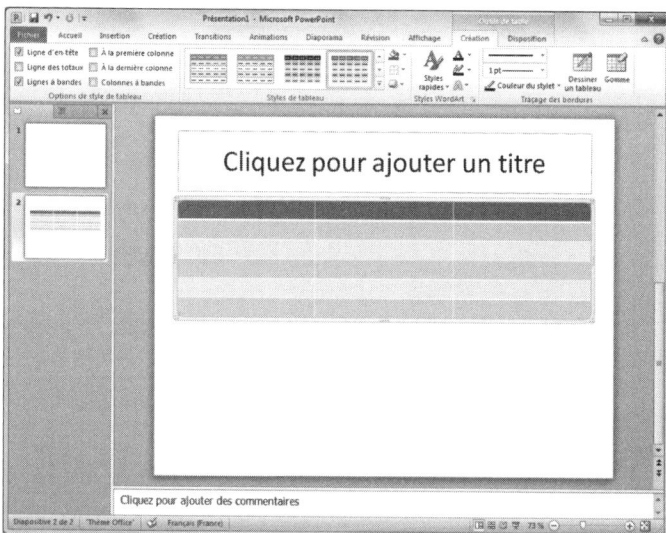

Figure 17.2 :
Le tableau
vide attend
vos données.

Quand vous avez fini, vous avez fini. Alors, admirez votre œuvre !

La Figure 17.3 montre un tableau terminé.

## RÉSULTATS DU SONDAGE

Figure 17.3 :
Un tableau
terminé.

| Titre du film | Ont aimé : | Ont détesté : |
|---|---|---|
| La soupe aux choux | 99,8 % | 0,2 % |
| Passe-moi le sel | 0,2 % | 99,8 % |
| Massacre à la lime à ongle | 67,3 % | 32,7 % |
| Out of America | 78,2 % | 21,8 % |
| Blatte-man | 42 % | 58 % |

## *Insérer un tableau dans une diapositive*

Vous pouvez utiliser le bouton Tableau, sous l'onglet Insertion, pour placer un tableau dans une diapositive existante. Quand vous cliquez dessus, un menu quadrillé apparaît, permettant de définir le nombre de cellules du tableau – jusqu'à 10 colonnes et 8 rangées –, comme le montre la Figure 17.4.

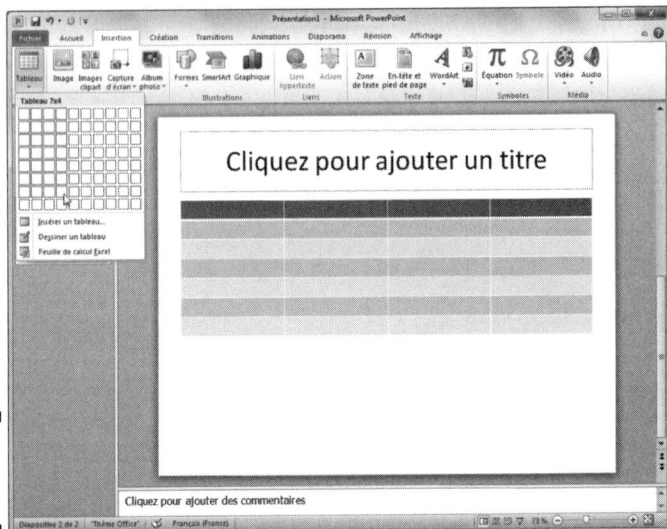

Figure 17.4 :
L'insertion
d'un tableau.

## *Dessiner un tableau*

Un troisième moyen de créer un tableau consiste à utiliser
la commande Dessiner un tableau. Elle permet de tracer des
tableaux complexes à l'aide de quelques outils de dessin. Cette
commande est idéale pour créer des tableaux qui ne sont pas
un simple quadrillage de lignes et de colonnes, mais plutôt des
compositions compliquées où certaines cellules s'étendent sur
plus d'une seule ligne ou colonne.

Voici comment dessiner un tableau :

1. **Dans le groupe Tableaux, sous l'onglet Insertion, cliquez sur la flèche sous le bouton Tableau et choisissez l'option Dessiner un tableau.**

   Le pointeur de PowerPoint prend la forme d'un petit
   crayon.

2. **Tracez la forme générale du tableau à la souris.**

   Quand vous relâchez le bouton de la souris, un tableau
   constitué d'une seule cellule est créé, comme le montre la

Figure 17.5. Remarquez l'onglet Outils de tableau, dans le Ruban.

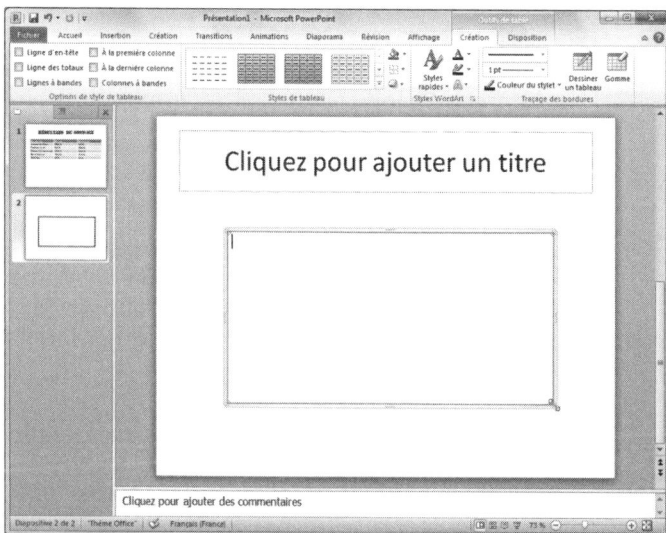

Figure 17.5 :
Commencez
par tracer le
contour du
tableau.

3. **Cliquez sur le bouton Dessiner un tableau, dans le groupe Traçage des bordures de l'onglet Création, dans le ruban Outils de table.**

   Le pointeur de la souris se transforme en crayon.

4. **Divisez le tableau en cellules.**

   Pour ce faire, il suffit de tirer des traits dans le tableau. Par exemple, pour scinder le tableau en deux lignes, placez le pointeur tout près du bord intérieur gauche du tableau (mais pas sur la bordure elle-même), puis cliquez et tirez un trait jusqu'au bord droit. Dès que vous relâchez le bouton de la souris, le tableau est divisé en deux lignes.

   Vous pouvez continuer ainsi à diviser et subdiviser le tableau en cellules de plus en plus petites. Commencez chaque fois à un bord et tirez dans la direction voulue. Remarquez l'aperçu en pointillés gris qui indique où sera placé le trait, quand vous cliquez et tirez.

5. **Pour modifier le style ou l'épaisseur d'un trait, utilisez les menus Style du stylo et Épaisseur du stylo, dans le groupe Traçage des bordures de l'onglet Outils de tableau.**

Vous pouvez changer le style d'un trait déjà dessiné en traçant par-dessus un trait d'un autre style.

6. **Si vous avez fait une erreur en traçant les cellules, cliquez sur le bouton Gomme, à droite du Ruban, puis cliquez sur les segments erronés.**

Cliquez de nouveau sur le bouton Dessiner un tableau, si vous voulez ajouter d'autres traits après avoir utilisé la gomme. (NdT : Quand la commande Dessiner un tableau est active, appuyer sur Maj transforme le stylo en gomme.)

7. **Quand vous aurez terminé, cliquez hors du tableau pour cesser de dessiner.**

La Figure 17.6 montre un tableau subdivisé en plusieurs cellules, avec différents styles et épaisseurs de trait.

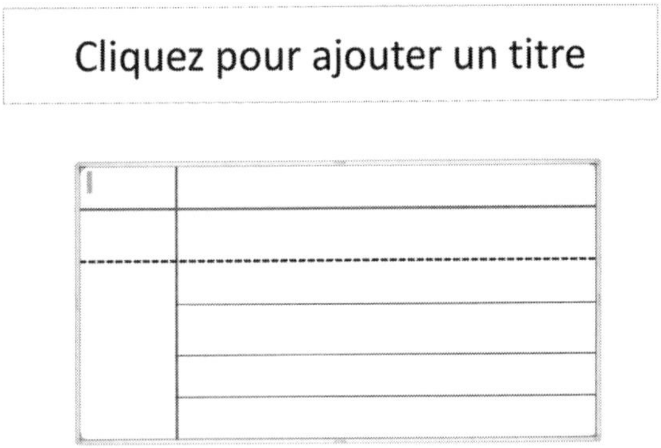

Figure 17.6 :
Un tableau dessiné terminé, prêt à recevoir des données.

## Appliquer un style à un tableau

Après avoir créé un tableau, vous pouvez lui appliquer un style à l'aide des commandes qui se trouvent sous l'onglet Outils de tableau, dans le Ruban. Le moyen le plus facile consiste à choisir l'un des styles prédéfinis de PowerPoint.

Mais avant d'appliquer un style, examinez les cases qui se trouvent à gauche de l'onglet Création des outils de dessin. Elles indiquent à PowerPoint s'il doit appliquer une mise en forme particulière à certains éléments du tableau :

✔ **Lignes d'en-tête :** Signale que la mise en forme de la première ligne doit être différente de celle des autres lignes du tableau.

✔ **Ligne des totaux :** Signale que la mise en forme de la dernière ligne doit être différente de celle des autres lignes du tableau.

✔ **Lignes à bandes :** Indique qu'une ligne sur deux doit être mise en forme différemment.

✔ **À la première colonne :** Signale que la mise en forme de la première colonne doit être différente de celle des autres colonnes du tableau.

✔ **À la dernière colonne :** Signale que la mise en forme de la dernière colonne doit être différente de celle des autres colonnes du tableau.

✔ **Colonnes à bandes :** Indique qu'une colonne sur deux doit être mise en forme différemment.

Après avoir défini les options de style, vous pouvez appliquer un style de tableau choisi parmi ceux de la palette que montre la Figure 17.7. Pour y accéder, cliquez sur le bouton Autres, sous la barre de défilement du groupe Styles de tableau.

Outre le recours à des styles de tableau prédéfinis, vous pouvez mettre en forme chaque cellule du tableau à l'aide des commandes suivantes, sous l'onglet Outils de tableau :

✔ **Trame de fond :** Définit la couleur d'arrière-plan des cellules sélectionnées.

✔ **Bordures :** Sert à définir quelles arêtes des cellules sélectionnées recevront une bordure.

✔ **Effets :** Applique des ombres et des effets de réflexion aux cellules sélectionnées.

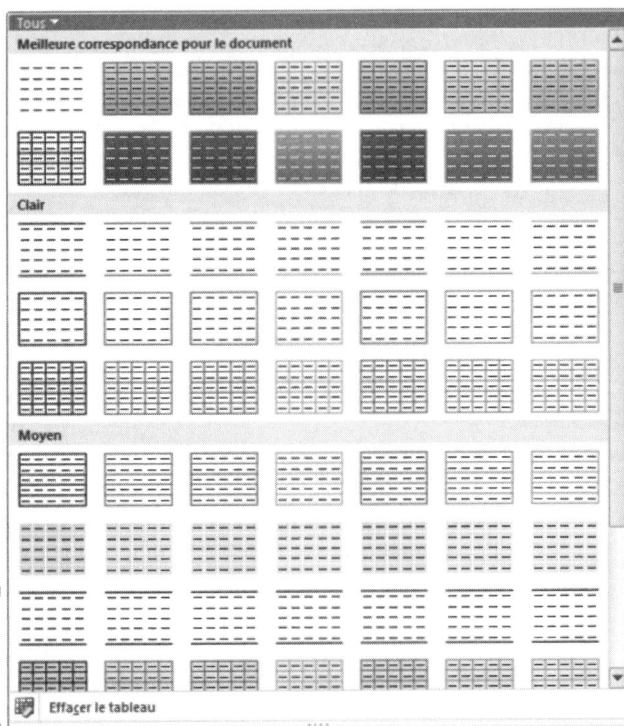

Figure 17.7 :
La palette
des styles de
tableaux.

## L'onglet Disposition

Quand vous sélectionnez un tableau, un onglet Disposition
spécial devient disponible, comme le montre la Figure 17.8. Les
commandes qui s'y trouvent permettent d'ajuster la disposition du tableau de diverses manières. Elles sont répertoriées
dans le Tableau 17.1.

Figure 17.8 :
L'onglet Dis-
position, sous
les Outils de
tableau.

**Tableau 17.1 : L'onglet Disposition.**

| Commande | Nom | Action |
|---|---|---|
| Sélectionner | Sélectionner | Active le curseur de sélection afin de pouvoir sélectionner des cellules. |
| Afficher le quadrillage | Afficher le quadrillage | Affiche ou masque le quadrillage du tableau. |
| Supprimer | Supprimer | Supprime une ligne ou une colonne. |
| Insérer au-dessus | Insérer au-dessus | Insère une nouvelle ligne au-dessus de la ligne courante. |
| Insérer en dessous | Insérer en dessous | Insère une nouvelle ligne sous la ligne courante. |
| Insérer à gauche | Insérer à gauche | Insère une nouvelle colonne à gauche de la colonne courante. |
| Insérer à droite | Insérer à droite | Insère une nouvelle colonne à droite de la colonne courante. |
| Fusionner les cellules | Fusionner les cellules | Fusionne les cellules sélectionnées afin d'en créer une seule, de grande taille. |
| Fractionner les cellules | Fractionner les cellules | Scinde une cellule fusionnée en cellules distinctes. |
| Hauteur | Hauteur | Règle la hauteur de ligne. |

| Commande | Nom | Action |
|---|---|---|
| | Largeur | Règle la largeur de colonne. |
| | Distribuer les lignes | Fait en sorte que toutes les lignes sélectionnées aient la même hauteur. |
| | Distribuer les colonnes | Fait en sorte que toutes les colonnes sélectionnées aient la même largeur. |
| | Aligner à gauche | Place les lignes de texte contre le bord gauche. |
| | Centrer | Centre le texte. |
| | Aligner à droite | Place les lignes de texte contre le bord droit. |
| | Aligner en haut | Place le texte en haut de la cellule. |
| | Centrer verticalement | Place le texte à mi-hauteur de la cellule. |
| | Aligner en bas | Place le texte en bas de la cellule. |
| Orientation du texte ▾ | Orientation du texte | Modifie la direction du texte dans la cellule. |
| Marges de cellule ▾ | Marges de cellule | Règle la distance entre le texte et les bords de la cellule. |
| Taille du tableau ▾ | Taille du tableau. | Cliquer sur ce bouton donne accès aux trois commandes qui suivent. |
| | Hauteur | Règle la hauteur totale du tableau. |

| Commande | Nom | Action |
|---|---|---|
| | Largeur | Règle la largeur totale du tableau. |
| Proportionnelle | Proportionnelle | Verrouille les proportions du tableau. Si sa largeur ou si sa largeur est modifiée, l'autre côté est automatiquement redimensionné. |
| Organiser | Organiser | Cliquer sur ce bouton donne accès aux six commandes qui suivent. |
| Avancer | Avancer | Place le tableau au premier plan, au-dessus de tous les objets qui se trouvent dans la diapositive. |
| Reculer | Reculer | Place le tableau à l'arrière-plan, derrière tous les objets qui se trouvent dans la diapo-sitive. |
| Volet Sélection | Volet Sélection | Affiche un volet contenant la liste de tous les objets sélec-tionnables présents dans la diapositive. |
| Grouper | Grouper | Groupe les objets sélection-nés. |
| Rotation | Rotation | Pivote ou retourne l'objet sélectionné. |

# Insérer un effet WordArt

Vous avez découvert au Chapitre 8 comment appliquer une mise en forme WordArt à du texte.

Procédez comme suit pour insérer un effet WordArt :

1. **Affichez la diapositive dans laquelle vous désirez insérer un effet WordArt.**

2. **Cliquez sur l'onglet Insertion puis, dans le groupe Texte, sur le bouton WordArt.**

   Une palette de styles WordArt est affichée (voir Figure 17.9).

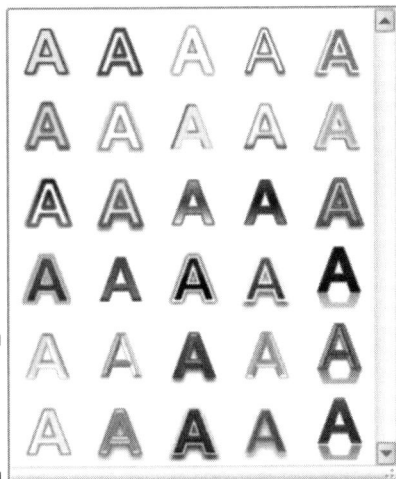

Figure 17.9 :
La palette
des effets
WordArt.

3. **Sélectionnez le style WordArt à appliquer.**

   Une zone de texte WordArt est placée dans la diapositive, comme l'illustre la Figure 17.10.

4. **Cliquez dans la zone de texte WordArt, puis tapez le texte à utiliser.**

5. **Appliquez toute autre mise en forme WordArt que vous jugeriez utile.**

Figure 17.10 :
Une zone
de texte
WordArt.

Reportez-vous au Chapitre 8 pour en savoir plus sur la
mise en forme avec WordArt.

# Les liens hypertextes

Dans PowerPoint, un *lien hypertexte* est un texte ou une image
sur laquelle vous cliquez pour afficher une autre diapositive,
une autre présentation, voire un autre type de document
comme un texte Word ou une feuille de calcul Excel. Le lien
hypertexte peut également pointer vers une page Web de
l'Internet.

Les liens hypertextes ne se limitent pas aux diapositives de
la présentation en cours. Ils peuvent aussi démarrer d'autres
présentations. Quand vous utilisez ce type de lien, la personne
qui visionne le diaporama clique sur le lien hypertexte pointant
vers une autre présentation, et PowerPoint se charge automatiquement de la démarrer. Le lien hypertexte peut même afficher
n'importe quelle diapositive de cette nouvelle présentation.

Ce type de lien est aussi utilisé pour créer des menus de présentations. Supposons que vous avez créé les présentations suivantes :

✔ Les hasards du billard.

✔ Feutre et ivoire.

✔ Quand le billard fait perdre la boule.

✔ Le billard de l'hôpital.

Vous pouvez facilement créer une diapositive répertoriant ces quatre présentations et contenant des liens hypertextes y renvoyant. La personne qui affiche le diaporama clique sur un lien hypertexte et obtient la présentation demandée.

Voici quelques réflexions concernant les liens hypertextes :

✔ **Les liens hypertextes ne se limitent pas aux présentations PowerPoint.** Un lien hypertexte peut renvoyer vers d'autres types de fichiers Microsoft Office comme un document Word ou une feuille de calcul Excel. Quand la personne affiche le diaporama, elle clique sur l'un des liens, après quoi PowerPoint démarre Word ou Excel pour ouvrir le fichier.

✔ **Un lien hypertexte peut également pointer vers une page Web.** Quand l'utilisateur clique dessus, PowerPoint lance le navigateur Web par défaut – Internet Explorer, par exemple – afin d'établir la connexion Internet, si elle n'est pas déjà active, et affiche la page en question.

✔ **Les liens hypertextes fonctionnent uniquement en mode Diaporama.** Rien ne se passe dans les autres modes d'affichage. En mode d'affichage Normal, il est cependant possible d'activer un lien hypertexte en cliquant dessus du bouton droit et en choisissant l'option Ouvrir le lien hypertexte.

## Créer un lien hypertexte vers une autre diapositive

Voici comment ajouter un lien vers une autre présentation :

1. **Sélectionnez le texte ou le graphisme devant recevoir un lien hypertexte.**

   Le type de lien hypertexte le plus répandu repose sur un ou deux mots placés dans le corps du texte de la diapositive.

2. **Choisissez Insertion/Liens/Lien hypertexte.**

   Ou alors utilisez le raccourci clavier Ctrl+K. Dans tous les cas, vous ouvrez la boîte de dialogue de la Figure 17.11.

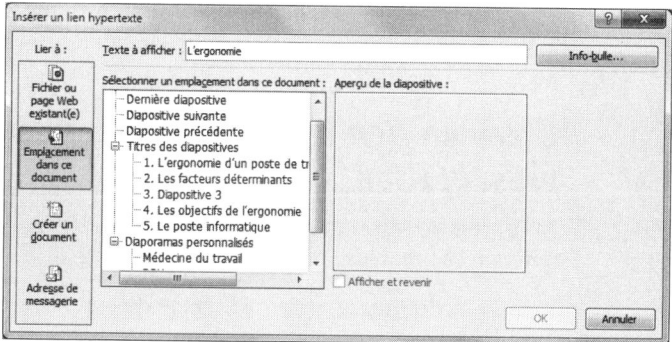

Figure 17.11 : Cette boîte de dialogue sert à créer un lien hypertexte.

Elle contient quatre icônes :

- **Fichier ou page Web existant(e) :** Permet de choisir, comme destination pour le lien, un autre fichier, une autre application ou une page Web de l'Internet.

- **Emplacement dans ce document :** Permet de choisir, comme destination pour le lien, un élément de votre présentation PowerPoint.

- **Créer un document :** Ce nouveau document peut être modifié maintenant ou ultérieurement en cliquant sur le bouton approprié.

- **Adresse de messagerie :** Le lien pointe vers une adresse Internet ou intranet, ce qui permet à celui qui visionne la présentation d'envoyer du courrier à telle ou telle personne.

3. **Dans le volet gauche, cliquez sur l'icône Emplacement dans ce document.**

La liste des diapositives apparaît dans la boîte de dialogue.

4. **Cliquez sur le nom de la diapositive vers laquelle doit pointer le lien hypertexte, puis cliquez sur OK.**

La boîte de dialogue Insérer un lien hypertexte disparaît, tandis que le lien est créé dans la diapositive.

Si vous avez sélectionné du texte à l'Étape 1, il change de couleur et est souligné. En revanche, rien ne change sur un graphisme ayant reçu un lien hypertexte, mais le pointeur de la souris se transforme en une main lorsqu'il survole le lien. Cet indice révèle toujours l'existence du lien hypertexte.

## Créer un lien hypertexte vers une autre présentation

La procédure ressemble à la précédente, mais avec quelques différences notables :

1. **Sélectionnez le texte ou l'image devant recevoir un lien hypertexte.**

2. **Dans le groupes Liens, sous l'onglet Insertion, cliquez sur Lien hypertexte.**

La boîte de dialogue Insérer un lien hypertexte apparaît.

3. **Cliquez sur Fichier ou page Web existant(e), dans le volet de gauche de la boîte de dialogue Insérer un lien hypertexte.**

Vous pouvez créer un lien pointant vers une diapositive d'une autre présentation en cliquant sur le bouton Signet. Cette action ouvre une boîte de dialogue listant les diapositives de la présentation sélectionnée. Choisissez la diapositive de destination, puis cliquez sur OK pour revenir à la boîte de dialogue Insérer un lien hypertexte.

4. **Cliquez sur le bouton Dossier actif.**

5. **Choisissez le fichier vers lequel le lien doit pointer.**

Parcourez vos lecteurs pour trouver la présentation PowerPoint de destination.

La présentation vers laquelle pointe le lien ne doit pas nécessairement se trouver dans le même dossier ou dans le même disque dur que la présentation en cours. En fait, vous pouvez pointer le lien vers une présentation stockée dans un autre ordinateur du réseau local.

6. **Cliquez sur OK.**

Pour créer un lien hypertexte pointant vers une page Web, saisissez son adresse Web dans le plan de la présentation ou sur la diapositive. Le lien hypertexte apparaît aussitôt. N'importe quelle page d'un site Web peut être choisie pour peu que vous connaissiez son adresse (son URL, en jargon technique).

Quand vous suivez un lien vers une autre présentation, Power-Point ouvre automatiquement cette dernière. Deux présentations sont alors ouvertes simultanément. Lorsque vous avez terminé de visionner la seconde présentation, fermez-la et revenez à la présentation d'origine.

Pour supprimer un lien hypertexte, cliquez dessus du bouton droit et, dans le menu contextuel, choisissez Supprimer le lien hypertexte.

# Les boutons d'actions

Un *bouton d'action* est une forme particulière de bouton, dans une diapositive : quand l'utilisateur clique dessus lors du diaporama, PowerPoint exécute une action préalablement affectée au bouton. Les sections suivantes expliquent le principe des boutons d'actions et montrent comment les exploiter dans une présentation.

## Créer des boutons d'actions

Quand vous créez un bouton d'action, vous commencez par lui assigner une forme. Douze sont à votre disposition, que nous examinerons un peu plus loin. Une action est exécutée quand l'utilisateur clique sur un bouton, ou le survole avec le pointeur de la souris. Voici ce que peuvent déclencher les boutons d'actions :

- ✔ **Activer un lien hypertexte.** C'est le bouton d'action le plus courant. Il affiche une nouvelle diapositive, une autre présentation, un document non PowerPoint, ou même une page Web de l'Internet.

- ✔ **Exécuter un programme.** Par exemple, vous pouvez définir un bouton qui démarre Word ou Excel.

- ✔ **Lire un son.** C'est un moyen supplémentaire pour sonoriser une présentation PowerPoint. L'insertion de sons est expliquée au Chapitre 16.

## Choisir la forme des boutons

PowerPoint propose une série de formes prédéfinies pour les boutons d'actions. Le Tableau 17.2 répertorie les formes de boutons d'actions susceptibles d'être insérés dans vos présentations et indique le type d'action qui leur est associé.

## Créer un bouton d'action

Procédez comme suit pour placer un bouton d'action dans une diapositive :

1. **Affichez la diapositive dans laquelle vous désirez placer le bouton d'action.**

2. **Cliquez sur l'onglet Insertion puis, dans le groupe Illustrations, cliquez sur le bouton Formes afin d'accéder à la palette des formes prédéfinies. À la rubrique Boutons d'action, tout en bas de la palette, cliquez sur l'icône du bouton à créer.**

3. **Tracez le bouton sur la diapositive.**

   Pointez à l'endroit où vous désirez placer le coin supérieur gauche du bouton. Le bouton gauche de la souris enfoncé, faites glisser le pointeur jusqu'où doit se trouver le coin inférieur droit du bouton.

**Tableau 17.2 : Boutons d'actions.**

| Image du bouton | Nom | Fonction |
|---|---|---|
| | Précédent | Affiche la précédente diapositive de la présentation. |
| | Suivant | Affiche la diapositive suivante de la présentation. |
| | Début | Affiche la première diapositive de la présentation. |
| | Fin | Affiche la dernière diapositive de la présentation. |
| | Accueil | Affiche la première diapositive de la présentation. |
| | Informations | Aucune action par défaut pour ce type de bouton. |
| | Retour | Affiche la diapositive la plus récemment visionnée. |
| | Vidéo | Aucune action par défaut pour ce type de bouton. |
| | Document | Aucune action par défaut pour ce type de bouton. |
| | Son | Aucune action par défaut pour ce type de bouton. |
| | Aide | Aucune action par défaut pour ce type de bouton. |
| | Personnalisé | Aucune action par défaut pour ce type de bouton. |

Quand vous relâchez le bouton de la souris, la boîte de dialogue Paramètres des actions apparaît (Figure 17.12).

**4. Si vous le souhaitez, modifiez les paramètres d'action du bouton mis en place.**

Le plus souvent, les paramètres par défaut du bouton d'action sont parfaits. Par exemple, l'action correspondant au bouton Suivant est Créer un lien hypertexte vers/ Diapositive suivante. Si vous désirez qu'il exécute une autre action, définissez-la dans la rubrique Créer un lien hypertexte vers.

**5. Cliquez sur OK.**

La boîte de dialogue Paramètres des actions se ferme et le bouton est créé.

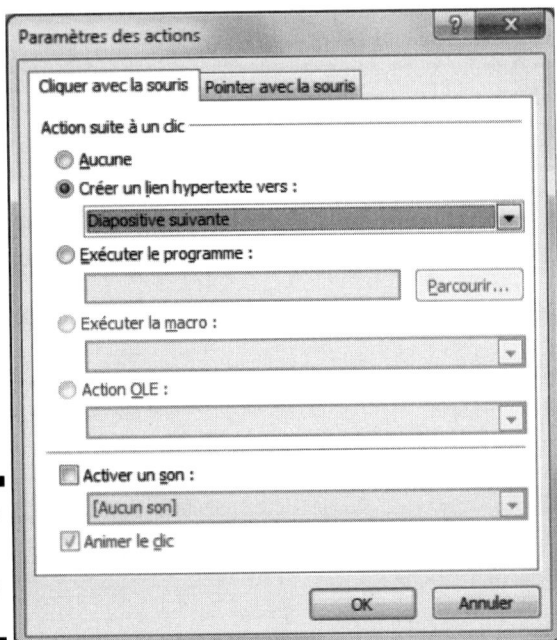

Voici quelques remarques concernant les boutons d'actions :

✔ **Modifier l'aspect d'un bouton.** Les boutons d'actions peuvent être mis en forme (style, épaisseur et couleur du trait, couleur d'arrière-plan, effets 3D...) comme n'importe quel autre objet Forme.

✔ **Déplacer un bouton :** Pour déplacer un bouton, cliquez dessus. Tout en maintenant le bouton de la souris enfoncé, faites-le glisser ailleurs dans la diapositive.

✔ **Changer l'action d'un bouton :** Vous pouvez modifier les paramètres d'action d'un bouton en cliquant dessus du bouton droit. Dans le menu contextuel, choisissez Paramètres des actions.

# Quatrième partie

# Les dix commandements

# Dans cette partie...

*P*owerPoint affectionne les puces (typographiques, pas les diptères aphaniptères). C'est pourquoi je me propose de terminer cet ouvrage par des chapitres qui sont en quelque sorte à la gloire des puces. Chacun couvre plus ou moins dix points intéressants concernant PowerPoint. Les voici, bien alignés comme dans une diapositive.

# Chapitre 18

# Les dix commandements de PowerPoint

* * * * * * * * * * * * * * * * * * * * * * * * * * * * * * * * * * * * * * * *

*Et l'infortuné utilisateur de Windows s'exclama : "Mais qui suis-je pour oser montrer des présentations ? D'éloquence je manque, lentement je parle, fades sont les couleurs et tristounets les graphiques." Et Microsoft répondit : "Ne crains rien pauvre vermisseau titularisé, car de ce jour existe désormais un logiciel pas piqué des hannetons, que J'ai nommé PowerPoint, et avec PowerPoint, lumineuses seront tes diapositives, éclatants leurs titres et piquantes leurs puces."*

*– Présentations 1:1*

Ces dix commandements de PowerPoint ont été transmis de génération en génération. Obéissez-leur et vous vous soumettrez, confiant, à la rude épreuve de la présentation en public.

### I. Ton travail tu enregistreras fréquemment.

Toutes les deux ou trois minutes, ayez le réflexe Ctrl+S. Cela n'exige pas plus d'une seconde. Et qu'est-ce qu'une seconde face au sentiment d'éternité qui vous submerge en cas de coupure de courant, de blocage de l'ordinateur ou d'un disque dur qui rend l'âme ?

## II. *Tes présentations dans un dossier spécifique tu stockeras.*

Chaque fois que vous enregistrez un fichier, vérifiez plutôt deux fois qu'une dans quel dossier vous le stockez. Il est très facile d'enregistrer une présentation n'importe où et de perdre des heures à essayer de la retrouver.

## III. *Des fonctions de mise en forme tu n'abuseras point.*

Oui, PowerPoint permet d'attribuer quantité de polices à vos textes, d'utiliser des millions de couleurs et de remplir le moindre espace vide avec des cliparts. Comme en tout, l'excès nuit. Faites simple.

## IV. *De matériel protégé par la loi point tu n'utiliseras.*

Un moteur de recherche comme Google permet de trouver rapidement l'image indispensable ou un accompagnement sonore agréable. Ne les utilisez pas sans le consentement de l'auteur.

## V. *Les jeux de couleurs tu utiliseras ; les motifs et les mises en forme automatiques tu accepteras ; les modèles tu vénéreras.*

Microsoft a fait appel à des artistes pour définir des jeux de couleurs harmonieux, organiser les éléments des diapositives, et créer de magnifiques arrière-plans pour les thèmes et modèles. Faites-leur confiance (et plaisir). Utilisez leur travail.

## VI. *Des animations point tu n'abuseras.*

Grande est la tentation de truffer les diapositives d'animations. Il est vrai qu'elles donnent de la vie et du relief aux diapositives, mais comme en toutes choses, trop c'est trop. L'abus d'animations risque de distraire votre auditoire, voire l'agacer, et lui faire perdre le fil de la présentation, vous laissant parler dans le vide.

## VII. *Les passionnés d'informatique tu solliciteras.*

Soyez toujours en bons termes avec un ami ou des collègues qui s'y connaissent mieux que vous en informatique. Invitez-les à déjeuner dans des restaurants chics (La Tour d'Argent,

Maxim's, le McDo près de l'échangeur de l'autoroute), offrez-leur des cadeaux somptueux (montre Breitling, Rolex, la Timex vendue au tabac du coin)... Tout ça vaut bien la révélation d'un raccourci non documenté.

### VIII. Tes fichiers tu sauvegarderas quotidiennement.

Oui, chaque jour ! Votre dur labeur sera ainsi protégé. Sauve-garder votre travail sur un système de stockage indépendant (disque dur externe, clé USB, CD...) permettra de le récupérer en cas de problème.

### IX. Avec Ctrl+Z le malin tu éloigneras.

Vivez dangereusement. Vous ne connaissez pas les effets d'un bouton ? Cliquez dessus ! Et hop ! Encore une fois rien que pour rigoler. La présentation n'est plus présentable ? Appuyez immédiatement sur Ctrl+Z – avec un "Z", comme Zéro – pour remettre la présentation dans l'état qui était le sien avant vos déplorables interventions.

### X. Tu ne paniqueras point.

Vous êtes le seul à connaître votre niveau de trac. Imaginez alors que votre auditoire est tout nu, cela vous décontractera (NdT : Ça fantasme ferme de l'autre côté de la Grande Bleue...). Évidemment, si vous faites une présentation dans un camp de nudistes, imaginez qu'ils sont habillés.

# Chapitre 19

# Dix conseils pour créer des diapositives lisibles

· · · · · · · · · · · · · · · · · · · · · · · · · · · · · · · · · · · · · · · ·

C e chapitre délivre de précieux conseils qui rendront vos diapositives plus faciles à lire par votre public.

## *Essayez de lire la diapositive depuis le fond de la pièce*

La règle numéro un de la lisibilité des diapositives est que toutes les personnes réunies dans une pièce doivent pouvoir en lire aisément le contenu. Pour vous en assurer, placez-vous au fond de la pièce et vérifiez la lisibilité. Si elle n'est pas concluante, vous devrez procéder à quelques réglages.

N'oubliez jamais que tout le monde n'a pas forcément une bonne acuité visuelle. Si la vôtre est parfaite, plissez un peu les yeux pour simuler une vision moins perçante.

Si le projecteur n'est pas à portée de main, veillez à ce que vous puissiez reconnaître les diapositives lorsque vous êtes à quelques mètres de l'écran de l'ordinateur.

## Évitez les petits caractères

Si un texte n'est pas lisible depuis le dernier rang de la salle, il est assurément trop petit. En règle générale, 24 points est la taille minimale à utiliser. Du texte en 12 points est certes parfait dans un document Word, mais pas dans une diapositive Powerpoint.

## Pas plus de cinq puces, s'il vous plaît !

C'est une règle d'or. Limitez à cinq le nombre d'éléments d'une liste à puces. Pour une longue énumération, n'hésitez pas à créer plusieurs diapositives.

## Évitez le verbiage excessif qui augmente considérablement la longueur d'un texte qui de ce fait est non seulement redondant voire répétitif mais aussi réitératif

Bref, soyez concis.

## Utilisez un phrasé cohérent

Une grammaire dépenaillée ne fait pas bonne impression. Considérez cette liste :

- Les profits seront augmentés.
- Développement des marchés.
- Il y aura réduction de la concurrence.
- La production augmentera.

La construction grammaticale est différente à chacun des points. Voici comment dire la même chose de manière cohérente :

- Augmentation des bénéfices.

- ✔ Expansion des marchés.
- ✔ Réduction de la concurrence.
- ✔ Augmentation de la production.

## *Evitez les couleurs criardes*

Des professionnels ont mis au point des jeux de couleurs
livrés avec PowerPoint pour faciliter la création et la lecture
des diapositives. Si vous décidez de créer votre propre jeu de
couleurs, optez pour des teintes faciles à regarder.

## *Evitez les ruptures de ligne*

PowerPoint coupera parfois une ligne à un moment inopportun
(par exemple, un retour à la ligne avant la dernière syllabe de
"Soyez concis" est vraiment calamiteux). Aussi, faites en sorte
que le contenu de chaque puce d'une liste ne dépasse pas une
ligne. Si cela arrive, choisissez vous-même l'endroit de la rup-
ture de ligne. Appuyez sur Maj+Entrée pour placer un retour à
la ligne et faciliter ainsi la lecture.

Vous pouvez faire glisser la marge de droite de l'espace réservé
pour en augmenter la largeur et y faire tenir toute la ligne.

**TRUC**

Les adresses Web (URL) tiennent difficilement sur une seule
ligne. Lorsque vous en montrez, arrangez-vous pour qu'elles ne
créent pas une seconde ligne qui rend toujours une diapositive
inesthétique.

## *Gardez l'arrière-plan aussi simple que possible*

Ne placez pas des cliparts à l'arrière-plan au petit bonheur la
chance. Tout ce qui n'est pas indispensable, tout ce qui gêne la
lecture, doit disparaître.

## *Deux niveaux de puce seulement*

Il est toujours tentant de développer un point en sous-points, eux-mêmes déclinés en sous-sous-points, et ainsi de suite. Au bout du compte, le lecteur ne sait même plus quel était le premier point de la liste et à quel niveau est le point qu'il lit. Pour éviter toute confusion, évitez les listes à puces à plus de deux niveaux.

## *Des graphiques et des diagrammes dépouillés*

PowerPoint peut créer des graphiques élaborés qui ravissent les statisticiens en tous genres. Pourtant, plus un graphique est simple, plus il est efficace. Par exemple, un graphique à secteurs ne doit pas en comporter plus de quatre. Un histogramme sera limité à trois ou quatre colonnes.

La seule règle à retenir pour créer une présentation est de *faire simple, clair et concis.*

# Chapitre 20

# Dix manières de ne pas endormir le public

. . . . . . . . . . . . . . . . . . . . . . . . . . . . . . . . . . .

*P*our un présentateur, rien n'est plus affreux que d'être ennuyeux, rien n'est pire que de voir son public s'assoupir. Voici quelques petits conseils pour le tenir en éveil.

## Ne perdez jamais de vue votre objectif

Trop de présentations n'ont pas un déroulement logique conduisant le public droit au but.

Ne confondez pas le titre d'une présentation avec son objectif. Supposez que vous projetiez une présentation à un client potentiel pour lui démontrer les avantages de travailler avec votre société. Le but de la présentation est de montrer que votre matériel est plus performant que celui de la concurrence, et que c'est celui-là – votre matériel, pas le concurrent – qu'il faut acheter. Ce n'est pas avec un titre ringard du genre *Le matériel du 21ᵉ siècle* que vous accrocherez le client et lui ferez signer un contrat avec plein de zéros. Ce qu'il veut, ce sont des chiffres et des arguments forts.

## Ne devenez pas l'esclave de vos diapositives

PowerPoint permet de créer de si belles diapositives que l'on est tenté de les laisser faire de l'effet à notre place. C'est une grave erreur. C'est vous qui devez vous exprimer ! Les diapositives ne sont qu'un outil à votre service, et non les vedettes du spectacle.

## Ne submergez pas votre auditoire de détails superflus

Le 19 novembre 1863, une foule de 15 000 personnes se réunirent à Gettysburg pour écouter Edward Everett, l'un des plus grands orateurs de cette époque. Il parla pendant deux heures de la célèbre bataille qui se déroula à proximité. Lorsqu'il eut fini, Abraham Lincoln prit la parole pendant deux minutes, pour un discours qui entra dans l'Histoire des États-Unis.

Allez à l'essentiel afin que la prestation ne s'éternise pas. Pourquoi dire en une heure et 40 diapositives ce qui peut être exposé en 20 minutes et 20 diapositives ? Tout ce qui est superflu est à bannir. Sachez vous limiter ! C'est un exercice difficile mais indispensable et profitable à tout le monde.

## Ne négligez pas votre entrée

Ne perdez jamais l'occasion de faire immédiatement bonne impression. Ne faites pas des plaisanteries lourdes qui n'ont rien à voir avec le sujet, ne vous excusez pas de manquer de préparation ou d'avoir le trac. Ne tournez pas autour du pot : entrez immédiatement dans le vif du sujet.

Les entrées les plus réussies sont celles qui attirent immédiatement l'attention de l'auditoire avec des arguments forts, un point de réthorique ou un sujet captivant. Une plaisanterie est la bienvenue à condition qu'elle ne s'écarte pas du sujet de votre présentation et en serve le propos.

## *Soyez pertinent*

L'objectif de toute présentation est d'amener votre auditoire à adhérer à vos points de vue. Malheureusement, beaucoup de présentations suscitent plutôt une indifférence polie.

Il faut donner à votre auditoire ce qu'il attend, et non ce que vous croyez être important ou intéressant. Des présentations efficaces proposent des solutions à des problèmes concrets, plutôt que des supputations sur d'hypothétiques problèmes.

## *N'oubliez pas les invitations*

Vous venez de passer des heures à peaufiner une présentation. Il serait dommage que la salle soit clairsemée au moment où vous la montrez. Pensez à inviter des gens.

Envoyez les invitations à temps, lorsque le carnet de rendez-vous des intéressés n'est pas encore trop chargé, et demandez confirmation. J'allais oublier : s'il y a un pot à la fin, en milieu de matinée ou d'après-midi, vous aurez plus de monde qu'à la pause du déjeuner ou pire, après les heures de travail.

## *Peaufinez*

Une rumeur dit que Abraham Lincoln a écrit le discours de Gettysburg dans le train qui l'y amenait. En réalité, il a passé des semaines sur chaque mot.

Peaufinez votre présentation. Relisez-la, relisez-la encore, à tête reposée. Polissez chaque mot, fignolez chaque transition. Répétez face à un miroir. Filmez-vous en vidéo. Calculez bien le temps de la prestation.

## *Cool calme zen*

Même l'orateur le plus doué a le trac en montant sur l'estrade. Rappelez-vous de Sarah Bernhard qui, en réponse à une jeune actrice qui affirmait ne pas avoir le trac, lui répondit : "Ne vous inquiétez pas, ça vient avec le talent." Que vous vous adressiez à un petit comité ou à dix mille personnes, 20 minutes plus tard, tout est terminé.

Qu'importe votre niveau de trac, il n'y a que vous pour le connaître. La règle première est de ne jamais vous excuser d'être mal à l'aise. Une fois sur scène, le trac s'envole et votre public vous félicitera même d'avoir été si naturel.

## Prévoyez l'imprévible

Si vous pensez que les choses tourneront mal, elles vont mal tourner (NdT : Selon l'une des nombreuses règles de Murphy) : le projecteur ne fait pas la mise au point, le micro ne fonctionne pas, vos notes sur papier dépourvues de numéros de page se sont éparpillées, etc. Préparez-vous à ce genre d'incidents. Ayez deux jeux de notes dans votre poche. Apportez votre micro personnel. Disposez toujours d'un projecteur ou d'une ampoule de secours....

## Ne soyez pas ennuyeux

Un auditoire peut supporter beaucoup de choses, mais jamais l'ennui. Après tout, vous êtes censé vous donner en spectacle !

Cela ne vous autorise pas à proférer des plaisanteries douteuses ni à parler si vite que votre propos en devient incompréhensible. Ne perdez jamais votre objectif de vue en vous noyant dans des détails superflus qui ne répondent pas aux attentes réelles de votre auditoire. Soyez vous-même et prenez du plaisir. Si vous êtes à l'aise, vos spectateurs le seront aussi.

# Index

## D

## W

## X

## Z

## V